仇元玲——主编

宋韵严州

SONGYUN
YANZHOU

文汇出版社

图书在版编目（CIP）数据

宋韵严州 / 仇元玲主编. — 上海：文汇出版社，
2024.6. — ISBN 978-7-5496-4275-5

Ⅰ. K295.54

中国国家版本馆 CIP 数据核字第 202445GE58 号

宋韵严州

主　　编／仇元玲
责任编辑／熊　勇
审读编辑／姚明强

出版发行／文匯出版社

　　　　　上海市威海路 755 号

　　　　　（邮政编码 200041）

经　　销／全国新华书店
印刷装订／四川科德彩色数码科技有限公司
版　　次／2024 年 6 月第 1 版
印　　次／2024 年 6 月第 1 次印刷
开　　本／710×1000　1/16
字　　数／230 千
印　　张／18.375

ISBN 978-7-5496-4275-5
定　　价／68.00 元

雾锁之江　潘余有／摄

瀹雪凝酥點嫩黃
薔薇清露染衣裳
西風掃盡狂蜂蝶
獨伴天邊桂子香

楊妹子

序言

浙江历史上有"上八府""下三府"的说法。"上八府"即宁波府、绍兴府、台州府、温州府、处州府（丽水）、金华府、严州府（建德）、衢州府；"下三府"即杭州府、湖州府、嘉兴府。"上八府""下三府"的行政区域大致与今天浙江的地级市一一对应，唯一消逝的是"上八府"中的严州府。1963 年 3 月，有一千三百多年州府历史的严州并入杭州。此后，严州这个地名，渐渐被历史的尘埃所湮没。

虽然伴随行政区划的调整，严州这个地名已经成为历史，但严州灿烂悠久、底蕴深厚的历史文化却不应被人们遗忘。习近平同志在浙江工作期间，发表《与时俱进的浙江精神》一文指出："远在数万年前，浙江大地就已经出现了'建德人'的足迹。"严州州治所在的建德，是浙江省境内最早有人类活动的区域。严州的前身是睦州，建德（寿昌）、桐庐（分水）、淳安（遂安），历史上也被称为"六睦"之地。隋仁寿三年（603）置睦州，州治在淳安，唐万岁通天二年（697），州治迁至建德梅城，宋宣和三年（1121）改睦州为严州，咸淳六年（1270）升严州为建德府，明洪武八年（1375），改建德府为严州府，此后一直至民国初均无变化。

在"上八府"中，严州又与衢州、金华并称为"上三府"，这个地区，自宋代以来就是学术重地，儒学、佛学都非常发达。严州历史上寺庙林立，唐代净土宗五祖少康大师建立的玉泉寺，至今仍是浙西名寺。比寺院更有影响力的是书院，严州历史上有据可查的书院有五十余座，为严州培养进士八百余人。理学大家张栻曾任严州知州，吕祖谦曾任严州州学教授，朱熹曾至严州讲学，东南三贤会聚严州，还有钱时、赵彦肃等本地理学大家，使严州成为理学的重要交流地和传播地。星罗棋布的书院、灿若星辰的文化大家，使严州有了"理学名邦"的美称。

严州也被称为清虚之地。东汉严子陵隐居富春江畔的富春山，高士之风在这里源远流长。宋代严州状元方逢辰说："严之所以为望郡而得名者，不以田，不以赋，不以户口，而独以'云山苍苍，江水泱泱'，有子陵之风在也。"唐代的宋璟、杜牧、刘长卿，宋代的范仲淹、赵抃、陆游等均曾在严（睦）州为官，他们不仅赓续传承了严子陵的高风亮节，也在富春江畔留下了不朽的功绩和诗篇。严州还是"龙兴之州，潜藩之地"，宋太宗、高宗、度宗，在登基前遥领过睦州军防御使等职务，正因如此，严州才被宋度宗升格为建德府。

作为钱塘江干流上杭州与徽州之间唯一的一座州府，严州扼三江、控五州，地理位置十分重要。特别是宋代，作为京畿三辅，有"严州不守，临安必危"之说。元末明初朱元璋外甥李文忠镇守严州十年，成为朱元璋征讨天下的牢固后方，为大明王朝的建立奠定了基础。李文忠重修了严州府城，在宋州城的基础上，按军事要求重修了城墙，这一格局延续至今。有着六百五十多年历史的严州古城，州府规制清晰，街巷肌理完整，历史遗存丰富，在国内十分少见。

悠久的历史绘就了悠长而丰厚的文脉，特别是宋代严州理学、严州诗学、严州书画、严州史学、严州刻本、严州古城的建筑等，是严州人民最宝贵的精神财富。这些绚烂的文化遗产，经过年轮的打磨和岁月的沉积，已经成为历史长河中璀璨亮丽的宝石，正等待我们去挖掘和收藏。

习近平同志在浙江工作期间，高度重视优秀传统文化的传承、保护和弘扬，将之作为浙江人民的共同事业、全省各级党委政府的重要使命和职责。他一再强调，要增强公众对文化遗产的认识和了解，进而更好地熟悉中华历史，传承中华文明，弘扬中华文化，不断激发民族自豪感和爱国热情。党的十八大以来，习近平总书记从留住文化根脉、守住民族之魂、传承中华文明的战略高度，把传承和弘扬中华优秀传统文化摆到更加突出的位置。他强调，文化遗产承载着灿烂的中华文明，传承中华历史文化、维系民族精神，是建设中华民族现代文明的深厚滋养，是不可再生、不可替代的宝贵资源。2023 年 9 月，习近平总书记在浙江考察时，要求浙江在建设中华文明上积极探索，更好担负起新时代的文化使命，赓续历史文脉，加强文化遗产保护，推动传统文化创造性转化、创新性发展。

今天，建德市委党校组织编撰《宋韵严州》这本教材，对于延续严州千年文脉、增强中华文化认同、坚定文化自信，有着积极的意义。希望建德市委党校在这本教材编撰的基础上，开发好地方优秀文化课程，讲好中华文化故事，延续好中华优秀传统文化基因，为推进中华民族现代文明建设作出积极贡献。

浙江省委党校原副校长、二级教授　陈立旭

2024 年 1 月于浙江省委党校

双塔凌云 黄琦程 摄

绪 论

泱泱华夏，万古流风。中华民族光辉灿烂的五千年文明，孕育出源远流长、博大精深的中华文化。回望历史的深处：从天下为公、天下大同的社会理想，到民为邦本、为政以德的治国理念；从九州共贯、多元一体的大一统共识，到修齐治平、兴亡有责的家国情怀；从厚德载物、率弘以远的精神追求，到富民厚生、义利兼顾的经济伦理；从天人合一、万物并育的生态理念，到实事求是、知行合一的哲学思想；从执两用中、守中致和的思维方式，到讲信修睦、亲仁善邻的相处之道；从百花齐放、百家争鸣的思想繁荣，到儒释道三家兼容并蓄的开放包容；从唐风宋韵、诗词歌赋，到戏曲流风、明清小说的诗意与远方……这些文化元素，共同塑造出中华文明最为深刻的内涵和独特优势。

中华民族具有一百万年的人类史、一万年的文化史、五千年的文明史。中华文明之所以历经数千年而绵延不绝，迭遭忧患而经久不衰，之所以一次次凤凰涅槃、浴火重生，一个很重要的原因就是博大精深、灿烂辉煌的中华文化具有极其强大的生命力、凝聚力、创造力。中华文化独一无二的理念、智慧、气度、神韵，滋养了中国人民的精神世界，也为中华民族的发展壮大提供了不竭的动力。国家之魂，文以化之，文以铸之。中华文化如同波澜壮阔的大江大河，一路奔涌而来，浇灌出中华大地的勃勃生机，其气吞山河的豪迈气概必将引领中华民族无往而不胜。

在中国历史的长河中，两宋是一个非常特殊的时期。公元960年，宋太祖赵匡胤陈桥兵变，黄袍加身，北宋开国，一统中原，结束了唐末和五代十国近百年之乱。在人心思定的背景下，赵匡胤充分汲取唐末至五代十国"藩镇之乱"的历史教训，以"杯酒释兵权"的方式，解除了武将拥兵自重、擅权作乱之后患。特别是大力推行"偃武修文"的治国方略，开启了两宋"文治天下"的新局面。宋太祖曾立下遗训，要求后世子孙永远不得杀害文人，因此，文人在宋代的地位得到了空前提升，重文轻武的风气在宋代发挥到了极致，"好铁不打钉，好男不当兵""满朝朱紫贵，尽是读书人"等俗谚都出在宋代。宋真宗时，状元出身的陈尧咨拒绝出任官级更高的武职，当时人们重文轻武的思想可见一斑。宽松的政治环境让宋代优秀文人辈出，知识分子自觉意识空前觉醒。史尧弼在《策问》中认为："惟吾宋二百余年，文物之盛跨绝百代。"陆游在《吕居仁集序》中也认为："宋兴，诸儒相望，有出汉唐之上者。"当代学界泰斗陈寅恪也曾说过："华夏民族之文化，历数千载之演进，造极于赵宋之世。"两宋之后，由于蒙古的入侵并对文人采取敌视政策，加上明清八股文与清朝文字狱严重压制学人思想自由，中国再也没有出现像宋朝一样繁盛的文化景象。

宋韵文化作为中华优秀传统文化的重要组成部分，是具有中国气派，最能体现东方智慧的重要文化标识。它是反映宋代经济、政治、文化、科技、社会发展达到高峰地位和辉煌盛况的精神活动及其产品，是见之于学术思想的思辨之韵、文学艺术的审美之韵、发现发明的智识之韵、生产技术的匠心之韵、社会治理的秩序之韵、日常生活的器物之韵。两宋，特别是南宋时期，是古代中国经济繁荣、科技发达、文化昌盛、艺术繁兴、人民生活富裕的辉煌时期，经济社会发展为世人所瞩目，最鼎盛时期，经济总量占世界经济的四分之一，人口超过一亿两千多万。北宋都城东京汴梁和南宋都城杭州是世界级的大都市，繁华景象更是为世人所称道。婉约派词人柳永写的《望海潮》曾这样描述杭州："东南形胜，三吴都会，钱塘自古繁华。烟柳画桥，风帘翠幕，参差十万人家。云树绕堤沙。怒涛卷霜雪，天堑无涯。市列珠玑，户盈罗绮，竞豪奢……"这首词把杭州繁华景象描绘得淋漓尽致。北宋灭亡之后，中华文化重心也随之南移，杭州成为宋代经济、政治、文化的中心，宋韵文化因此增添了浙江风格和杭州味道，形成了别具韵味的浙派宋韵文化。

严州不仅山川毓秀、风光旖旎，而且人文荟萃。两宋时期，特别是南宋时期，严州是京畿三辅之地，经济繁荣，文化昌盛。其间形成的具有独特地域标识的宋韵严州文化，是中国宋韵文化这个百花园中的一朵奇葩，是宋韵文化的重要组成部分。深入发掘和探讨严州宋韵文化，传承好优秀传统文化的精神内核，充分展示严州人的精神气质，不断推进"宋韵文化传世工程"的实施，让千年宋韵在新时代能得到创造性转化、创新性发展，成为建德经济社会发展的加速器，这是建德市委党校组织力量编撰《宋韵严州》的初心所在和出发点。

一、两宋时期文学艺术的创新发展和严州诗文的独特韵味

两宋时期，经济社会的发展带来了物质财富的极大丰富，这也为文化兴盛提供了基础条件。特别是宋词，是中国文学中最为耀眼的标志。词最初称为"曲词"或者"曲子词"，别称有近体乐府、长短句、曲子、

曲词、乐章、琴趣、诗余等，是配合宴乐乐曲而填写的歌词。词与歌结合，使得词得到广泛的传播。根据《全宋词》的记录，宋朝词人达到一千三百多位，作品总计达到两万零四百多曲。其中晏殊被称为宋朝词家初祖，其词和婉明丽，是花间派的代表人物。柳永在宋词发展史上具有转折性的作用，他的慢词令人耳目一新，是婉约派的代表人物，他的作品深受大众喜爱，以至于当时人言"凡有井水处，即能歌柳词"。其后，苏轼又对宋词进行彻底的革新，创立豪放派，扩大词的选材范围。在"靖康之难"后，宋人忧患意识增强，使得豪放派占据词的统治地位，其中以辛弃疾为集大成者。

　　两宋的诗文革新也是成就非凡。宋朝初年，文坛上沿袭了晚唐五代浮夸的文风，盛行四六骈体，不重视思想内容，只讲求词句华丽。后来，越来越多的人对这种浮华的文风产生反感，开始了诗文革新运动。他们提倡写作像韩愈、柳宗元那样的散文，主张文要重道、致用。特别是范仲淹和欧阳修登上文坛以后，这场诗文改革运动取得更大的进展。范仲淹和欧阳修的散文主旨明确、内容充实、平易自然，为宋朝散文的风格奠定基调。后来的"三苏"之中，苏洵的文章以议论见长，文风雄奇劲简。苏轼的文章洒脱自然，清新豪放之中又带些忧郁，前后《赤壁赋》等文章确定了他在文坛上不可撼动的地位。南宋时期，苏轼的散文甚至成为科举考试的范文，时人言："苏文熟，吃羊肉；苏文生，吃菜羹。"苏辙的文章疏于叙事而长于议论。曾巩忠实地追随欧阳修的风格，文风自然纯朴，少有华丽辞藻。王安石也以议论文为长，风格雄健自然。但是南渡之后，散文就开始衰落，其后的文人无法同北宋的前辈相比。

　　宋诗虽不及唐诗，但成就远在明清之上，《全宋诗》收录的宋诗有十六万多首。与散文相同，范仲淹、欧阳修也引领了宋朝的诗风，中国诗歌史上第一部诗话《六一诗话》就是欧阳修所著。王安石诗风工练，比欧阳修更讲究修辞技巧与典故运用。苏轼的诗变化多端，雄放洒脱，他吸收前朝很多诗人的手法，成为宋诗一代大宗。黄庭坚虽出于苏门，但却开创了江西诗派，他既有独到的诗歌技巧，又有诗歌理论，在宋代的诗坛上有着重要的地位。

宋高宗南渡之后，又出现了"南宋四大家"，即杨万里、范成大、陆游和尤袤。杨万里的诗歌清新活泼，以描绘风景为主要内容；范成大的诗歌关心民生，诗风清丽秀婉；陆游的诗以爱国著称，他的诗对偶工整，后人言"好对偶被放翁用尽"。

两宋时期的严州诗文，内容和体量都十分丰富，"天地间第一流人物"范仲淹在严州留下了一生中六分之一的诗作和流传千古的《严先生祠堂记》。爱国诗人陆游也在严州写下了三百多首诗篇佳作，其中许多反对投降议和、主张抗金的诗作，闪耀着爱国主义的光芒，至今仍然受人推崇。严州也是东汉高士严子陵的隐居之地，宋代也有众多的诗人在这一方圣洁土地上，写下了赞美严子陵高风亮节的不朽诗篇，为严州人的诗意家园增添了唯美韵味。

二、两宋理学思想的形成发展与严州理学七十年的辉煌

宋代是中国古代经学发展的重要时期，完成了由汉学向宋学的转变，即从章句之学转变为义理之学。理学是宋学的主流，因理学家主要讨论的内容为义理、性命之学，故称为理学。宋代的理学家们提出了许多新的思想和理论，程朱理学的兴起就是一个重要标志。

宋学以中晚唐的儒学复兴为前导。自唐后期到五代末期，战乱不已，经济凋敝，韩愈所倡导的新儒学销声匿迹。宋初数十年，社会相对和平，

经济有了较快发展，思想文化领域也逐渐活跃，儒、释、道思想相互渗透。宋代前期，胡瑗、孙复、石介等继承唐朝韩愈学说，注重义理，开风气之先，推动理学形成，被称为"宋初三先生"。以范仲淹、李觏、欧阳修等为代表的新儒家，吸收佛、道两家的学说，阐述儒家学说，成为宋代新儒学"宋学"的先驱。从仁宗晚年到神宗初年，宋学得到较大的发展，各大学派正式登场。王安石的新学是早期宋学中最重要的学派，影响也很大，在学术上居主导地位达 60 年之久。王安石提出研究经术要为现实服务，力主变革。而司马光的朔学大力宣扬天道观和"礼治"，积极维护现存秩序。司马光在史学上取得重大成就，是宋儒重视史学的最重要代表。"三苏"的蜀学则立足于儒学而博取其他诸家学说，因其缺乏固定的思想体系，在政治上易于多变，但在文学上成就突出。

理学真正形成于北宋中期，周敦颐与程颢、程颐、张载、邵雍等作为理学的创始人或初步发展的奠基人，被称为"北宋五子"。其实在北宋时，除王安石的新学、二程的洛学、张载的关学外，其他学派大多未成气候，影响有限。进入南宋以后，随着政治形势的突变，宋学各派力量互有消长。洛学迎合了南宋统治者的需要，因而受到朝廷的提倡，获得长足的发展。两宋之交的杨时、胡安国、胡宏、胡寅，南宋前期的张栻、吕祖谦、陆九渊、朱熹等人，对理学的进一步发展作出了重大贡献。主要由濂、关、洛、闽四大学派建构的理学是哲学化的儒学，以讨论"性"（以人性为主，兼及物性）与"理"（天理、天道）为中心，阐释儒家经典的义理。朱熹是理学的集大成者，他建立了完整的思想体系，使理学在宋学中成为巍然兀立的主流学派。与此同时，在民族危机的刺激下，形成以吕祖谦为代表的金华学派、以叶适为代表的永嘉学派和以陈亮为代表的永康学派，三者统称为浙东事功学派。浙东事功学派提倡研究学问要经世致用，反对空谈性命、义理。宋理宗当政时，采取各种措施提高理学的地位，并正式肯定二程、朱熹是孔孟以来道统的真正继承人，从而使程朱理学成为钦定的官方哲学，其深远影响不仅下及元明清，而且远播朝鲜、日本诸国。在程朱理学确立独尊地位以后，宋学其他各派走向衰落。

北宋时期的严州理学，主要在任职严州的名臣名宦的大力倡导和推动下发展。如新儒学的开创者范仲淹等，在睦（严）州任上大力倡导理学，开启了严州理学发展之先声。那个时期真正意义上的严州理学大家出现得并不多。但是，严州书院的普及，为严州后世理学人才的培养提供了肥沃的土壤，也造就了严州崇尚理学的社会风气。

南宋是中国理学发展成熟的标志性时代。随着宋室南渡，严州成为京畿三辅之地，经济社会高度发展，严州理学也迎来了辉煌的七十年。这个年代的划分大约从南宋乾道五年（1169）至淳祐元年（1241），即张栻、吕祖谦任职严州，到朱熹应邀到严州讲学，形成严州历史上的第一次"严州会讲"，再到朱熹关门弟子陈淳到严州讲学，形成历史性的第二次"严州会讲"，最后到理学大家卫湜出任严州知州，并刊刻《礼记集注》结束。这一时期的严州，本地如喻樗、詹仪之、赵彦肃、钱时、方逢辰、吕人龙、方逢振、胡子廉等理学大家不断涌现，形成了严州理学星空亮丽的风景线。在这个前后跨度长达七十多年的时间里，严州一度成为理学思想的重要交锋地和传播地，形成了严州理学的发展高峰，这在严州宋韵文化的历史上是有重要意义的。

三、两宋时期的严州史学在
中华五千年文明史上留下了浓墨重彩一笔

宋代史学著作丰富，史家辈出，达到了中国古代史学发展的顶峰。历史学家陈寅恪曾经说过："中国史学莫盛于宋。"宋代纪传体史书除《旧唐书》《新唐书》《东都事略》等外，还出现了纪传体通史《通志》；编年体史书在隋唐经历衰退后，至宋代得到空前的发展，出现司马光主编的史学巨著《资治通鉴》，并影响了之后的编年体著作编修，将史学推向了一个前所未有的新阶段。南宋朱熹及其门人赵师渊编撰了《资治通鉴纲目》，创造出新的史书体裁——纲目体，与纪传、编年、纪事本末并立。学案体史书也萌芽于南宋朱熹所撰的《伊洛渊源录》。方志学等兴起并得到长足发展，两宋时期郡县地方志有20多种保存至今，经历代续修，逐步积累，形成了丰富的地方资料。宋代总志中最著名的有太平兴国年间成书的《太平寰宇记》，内容以中国为主，兼及外域，还增加了不少有关人物与艺文的篇章，开创了志书编写的新体例。这一时期中外交流往来频繁，对旅途实地考察与传闻的记述形成了许多重要的域外地理文献，如耶律楚材的《西游录》、周去非的《岭外代答》及赵汝适的《诸蕃志》等。

此外，宋代修史之风大盛，无论官方或是私人所撰史书之多，都大大超越前代。《宋史·艺文志》著录的史部书籍有43009卷，除《新唐书·艺文志》已有载录的29201卷以外，宋人编撰的有13808卷。保存至今的宋代典籍，据统计有三亿字左右。

两宋时期严州的史学著作，在中国史学历史上具有十分显赫的地位。

陆游在严州任上刊刻的《南史》，是史学的必读经典。一代大儒袁枢在严州任上刊刻的《通鉴纪事本末》，首次推出纪事本末体，这是继司马迁推出的纪传体和司马光推出的编年体之后，诞生的第三种史书编撰体例。著名诗人杨万里专门为该书作序，并给予了高度评价。宋孝宗还把袁枢的《通鉴纪事本末》分发给皇子，让他们从中汲取经验和养分。在中国方志学上具有特殊意义的《（淳熙）严州图经》，是现存最早附有地图的地方志书，从而奠定了严州史学崇高的历史地位。

两宋时期的严州历史，也留下了光辉的篇章。两宋三百多年，有三位皇帝在登基之前都曾遥领过严（睦）州的官职。宋太祖年间，赵光义被任命为睦州军防御使；宋徽宗也曾下诏，任命康王赵构为遂安军防御使；宋度宗在任太子之前，也曾任遂安军节度使。当时遂安军就是严（睦）州，因此严州也被史书称为"龙兴之州，潜龙之地"，为严州的历史书写了皇家的气派。北宋宣和二年（1120），睦州淳安人方腊，不堪贪官污吏的压迫和苛捐杂税的负担，率领农民揭竿而起，发动了曾经占领东南六州五十二县的大规模农民起义。他们的义举，是严州人义士之风的真实写照，是中国农民反抗精神的充分体现，值得历史学家去深入研究和探究。

四、两宋时期的书画艺术与严州的书画之风

宋代的书法继承了前代的风格，又有重大的突破。唐人的书法庄重肃穆，而宋人的书法流畅放达。在宋代的士流阶层中，书法是第一重要的艺术，成为怡情遣兴的主要手段，他们蕴诗词文赋于书法之中，力求书之外的"象外之旨""韵外之致"。

北宋最有名的书法家是苏、黄、米、蔡，后世称为"宋四家"。苏是苏轼，苏轼擅长行书和楷书，用笔丰润，以韵取胜；黄是黄庭坚，黄庭坚的字挺秀，长于行、草；米是米芾，米芾也长于行书和草书；蔡是蔡襄，蔡襄的楷书端庄，草书流畅。除"宋四家"外，宋代的许多皇帝和大臣也擅长书法，如宋徽宗赵佶、宋高宗赵构，以及欧阳修、范仲淹、蔡京、秦桧、岳飞、范成大、陆游、张孝祥、朱熹、姜夔、文天祥等。其中最为特别的是宋徽宗赵佶，他的楷书瘦直挺拔，自成一体，被后人称作"瘦金体"。

随着对外交流的日益频繁，宋代的书法还传至东亚的高丽、日本。高丽的书风崇尚中国文人风气，尤其喜欢欧阳修的书体。当时的日本人也争相模仿宋代的书风，其中后宇多天皇和后醍醐天皇深得精髓，二人的书法龙飞凤舞，丰筋多力。

绘画在两宋时期得到较快发展。宋代在都城设立"翰林图画院"，培养了一批绘画人才。宋徽宗时，曾将"画学"纳进科举考试的科目中。北宋末年，张择端的《清明上河图》，生动地反映了开封的城市生活，这幅画是当时风俗画的代表作。南宋的李唐长于画牛，他和刘松年、马远、夏圭被称为南宋的四大画家。宋代还出现了包括宋徽宗在内的一批花鸟画家，以及一些擅长于画宗教人物的画家。

严州山水，如诗如画，令天下文人墨客流连忘返，留下了不计其数的书画精品。这些作品形式多样，风格各异，在中国书画史上产生了重要的影响，从而让严州的山水闻名遐迩。范仲淹、张方平、蔡肇、赵抃、章惇、朱熹、张栻、吕祖谦、陆游、范成大、张即之等，这些中国历史上一流的文人士大夫，先后在此留下过翰墨瑰宝。虽然，这些作品命运多舛，至今遗存不及万一，但从那些硕果仅存的刻有严州印记的书画作品中，我们仍能感受到千百年前严州风光的秀美、社会生活的精彩。

陆游在严州创作了《桐江帖》和《严州箚子》。作为南宋文学四大家之一和中国历史上著名的爱国主义诗人，陆游的成就和影响显而易见。除了诗歌，贯穿他一生的爱好，可能就是书法了。只是陆游的诗名太盛，知晓其擅长书法并被誉为南宋书坛中兴四大家之首的，则少之又少了。其代表作《桐江帖》在中国书画史上具有很高的地位。

张栻的《严陵帖》极具历史价值。史载张栻擅长正书、行书和篆书三种书体，但留传至今他的作品仅有行书手札六种，分别为：《与子澄知县书》《晚秋帖》《佳雪帖》《新祺帖》《桑梓帖》和《严陵帖》。他的书法，虽受苏、黄、米等的影响，但总体还是南宋挺拔紧俏的风格。张栻留下的这几件手札，除了《晚秋帖》，其他几件或多或少都与严州有关，如《与子澄知县书》是写给曾任建德主簿的刘清之，《佳雪帖》《新祺帖》《桑梓帖》三件是写给淳安的詹仪之，而《严陵帖》则是给严州同僚吕祖谦丈人韩元吉的书信。

严州人杨桂枝皇后的书画水平也极高。杨桂枝又叫杨妹子，严州淳安人，南宋宁宗赵扩第二任皇后，为宋宁宗生育过两个儿子，都未成年就夭折。杨皇后尽管出身不高，但她聪明睿智，不但能够左右朝政，其艺术成就也令人十分佩服。她写有以宫廷生活为题材的诗集一部，共50首，由宋理宗取名为《杨太后宫词》。她的《宫词》"思贤梦寝过商宗，右武崇儒汉道隆。总览权纲术治理，群臣臧否疏屏风"，表明了她求贤若渴、唯才是举的政治理想。杨皇后的书画作品传世较多，其中，藏在吉林省博物馆的《百花图卷》可谓诗画俱佳，每幅画配上一首诗，堪称珠联璧合。此外，还有上海博物馆的《樱花黄鹂图》和天津博物馆的《月下把杯图》。杨皇后书写的《道德经》也还存世，行家赞她的书法是"波撇秀颖，妍媚之态，映带漂湘"。

碑帖是展示书法艺术的重要载体。碑的作用首先是记录文献的实用功能，其次才是书法的审美功能。到了宋代，开始将审美功能置于首位，把名人墨迹摹刻到石版、木版上，称之为刻帖，终其目的，就是为了便于保存，又能广泛提供书法临摹范本。淳化三年（992），宋太宗敕刻《淳化阁帖》，被后世称为"法帖之祖"。此后，刻帖捶拓之风大盛，从官家到民间，开启了宋元明清官府刊刻法帖的繁荣景象，留下了浩如烟海的碑帖传本。据史志记载，睦州官府曾将当时名臣范仲淹、韩琦、富弼、文彦博的手泽一起，刻石置于高风堂庭庑间，名为"四公帖"，供州人瞻仰学习。宋代保留下来的严州石碑有"寿字碑"和"苏迟诗碑"，这两块石碑是宋代严州刻帖之风的见证。特别是"寿字碑"，背面是"睦州学教授题名"，在国内十分罕见，非常有历史价值。

五、两宋时期的严州刻本及其艺术价值

宋刻本是中华文化博大精深的生动体现，更是严州宋韵文化丰赡与精微的深刻反映。

宋代是中华文化的鼎盛时期。中华民族的四大发明（造纸术、印刷术、火药和指南针）有三项诞生于宋代。尤其是印刷术的出现，极大地推动了人类文明的发展。马克思把印刷术的发明称为人类"最伟大的发明"，是"文明之母"，是"科学复兴的手段"和"创造精神发展必要前提的最伟大的推动力"。法国大文豪雨果甚至认为，印刷术的发明是"一切革命的胚胎"。孙中山先生把印刷术列为人生不可缺少的五大要素（食、衣、住、行、印刷）之一，并且说："人类非此无由进步。"印刷术由中国传入中世纪的欧洲后，激发了欧洲的文艺复兴和工业革命，促进了世界范围内的社会文化变革，人类由此进入了文明发展的新时期。

宋代印刷业高度发达，宋版书的雕印水平也达到了前所未有的水平，无论是书写、雕刻、纸墨、装帧都非常讲究艺术性。雕版的书写效仿书法名家的字体，或欧或柳，工整秀丽而绝不板滞；刻工刀法纯熟，一丝不苟，完全能表达书写笔法的细微之处；纸洁墨莹，装帧精美，一部宋版书就是一件精美的艺术品，令人爱不释手。明人高濂说："宋人之书，纸坚刻软，字画如写。格用单边，间多讳字。用墨稀薄，虽着水湿，燥无湮迹。开卷一种书香，自生异味。"宋刻本被后人视为珍本，是后代刻书的楷模，在版本学上有重大的价值；因为刊刻时间较早，比较接近原本，加之校雠精湛，讹误较少，所以学术价值也很高。

严州是南宋时期刻书的重要产地，所刻多为善本，世称"严刻本"，以"墨黑如漆，字大如钱，校雠精良、刻印精细"驰名，是宋刻本中的上品，在业界享有很高的声誉，受到学者和藏书家的推崇。陆游幼子陆子遹在严州知州任上刻印的《巨鹿东观集》，被当代目录学家魏隐儒赞之为"刻印极精"，给予很高的评价。

除了技法优良以外，严州刻本在版本学上也有重要的价值。袁枢的《通鉴纪事本末》，陆游的《剑南诗稿》《剑南续稿》和《老学庵笔记》，卫湜的《礼记集说》，方回的《桐江集》，本地官员江公望的《江谏议奏议》，本地学者赵彦肃所著的《复斋易说》，钱时的《融堂四书管见》等，都在严州第一次刻印，学术价值极高。

方志是严州最早刻印的书籍，严州两部宋代方志《（淳熙）严州图经》和《（景定）严州续志》是现存 28 种宋代志书中的两种，在中国方志发展史上有很高的地位。

明代收藏家王献臣所藏的宋本《国语》，明代大文豪、收藏家、鉴赏家都穆，观后感叹不已："纵观《国语》，不仅刻画端正，褚墨精美。真古书也。余尝访御史君，每一披诵，则心目为之开明。"可见宋刻《国语》版刻特别精美。这部《国语》，潘祖荫在《滂喜斋藏书记》上写道：
"当是南宋时严州覆刻……字画方劲，与北宋椠无异。"所以此书也是
在严州刻印。

严州宋代刻本从欧阳询的《艺文类聚》开始，刻印书法主要采用欧
阳询的欧体和柳公权的柳体，其风格既有欧体的端庄又有柳体的厚重。
1916 年前后，钱塘人丁辅之、丁善之兄弟摹拟北宋欧体刊本字体，将楷
书笔画和宋体字的间架结构融合在一起，设计了一种新的印刷字体，名
曰"聚珍仿宋"。这种字体笔画粗细均匀，出锋犀利，刚柔相济，结体
严谨，颇具欧柳风韵，与严州宋刻本的字体相近。从宋刻本《国语》的
欧体发展到今天电脑时代还在应用的仿宋字体，刻本艺术历经千年依然
焕发青春，这正是宋韵文化千古传承的奇迹。

严州刻书是文化繁荣的产物，必须有一支为之服务的庞大队伍，从
作者到编辑、写手、雕版、推销、外运等，带动了造纸、制墨、刀具加
工、航运等行业，形成一个完整的产业链。从繁荣的刻书业我们可以想
见当时严州城内文人云集、学者翕从、书铺林立、书版山积的种种盛况。
文化的繁荣促进了经济的发展，严州刻书给严州带来了辉煌，是严州历
史上值得骄傲的一页。

六、两宋时期严州书院的发展及其深远的历史意义

悠久的中华文明为人类世界贡献了中国人的聪明才智，同时也展示
了中华民族的情操和气派。书院是中国传统文化最重要的实践成果之一，
它不仅鲜明体现了人类文明的追求，集中了中华民族数千年的人文理想、
历史经验、教育实践，也在世界教育体系中占据了一席之地，并对世界

各地的教育体系产生影响。当今世界不少大学和研究院的教育体制和教学模式，都有中国书院教育的影子。

中国的书院体系成型于两宋，它不仅仅是中国传统教育思想精华的集中体现，也是中国传统教育制度精华的集中体现。华夏文化之所以能在两宋实现登峰造极，很大的原因在于当时书院教育的推广。两宋的士大夫们按照自己的理想创造出书院之后，书院能够一直保持着旺盛的生命力，并且延续了一千多年的历史，为世人所传承和发扬光大，并发展成了现代的大学，这是中国人的骄傲，也是中华优秀传统文化泽被后世、无远弗届基因之所在。因此，书院也是中国文化史、教育史、学术史的标志性符号，是中华文明推动人类进步的最典型的成功范例。

宋代的书院对后世的学术传承也产生了深远的影响。尤其是书院所倡导的独立思考、自主探索的学习精神，至今仍是我们教育所追求的目标。同时，书院也为我们提供了一个理解宋代学术思想、文化发展的窗口，对于我们深入理解中国传统文化具有重要的价值。

严州历史上也出现过很多的书院，严州书院是严州文化得以传承、延续、发展的圣地和摇篮。宋代严州书院的兴盛，拉开了严州经济社会发展和文化繁荣的序幕。北宋景祐元年（1034），范仲淹被贬睦州，创办了龙山书院，在严州书院发展历史上具有开创性的意义，被载入中国书院发展的史册。范仲淹十分重视教育，每到一处任职，都把教育摆在首位，在睦州也是一样。范仲淹创办的龙山书院，为中国州府一级建立官办书院开了先河，到范仲淹主持的庆历新政时期，在他的直接推动下，各个州府都创办官方书院，全国的书院一下子增加到一千多所，成为北宋文化兴盛的一个重要标志，也成为中国书院历史发展的里程碑。

庆历新政之后，严州的书院发展进入了一个新的时代。据记载，两宋时期严州的官办和民间私人兴办的书院多达一百多家。其中的龙山书院、钓台书院、瀛山书院、石峡书院、丽泽书院等，在两宋时期，都是名满天下。严州书院的风生水起，不仅改变了严州人的习风士气，也为严州这一方土地培养了大批的栋梁人才。据不完全统计，严州六县，自北宋开科取士以来，仅仅两宋三百年间，就有497名进士，状元、榜眼、探花等杰出人才也屡见不鲜，为世人所瞩目。

在新时代美丽城镇建设中，建德市委市政府出巨资重建龙山书院。矗立在东湖之滨的新龙山书院，已经成为严州古城的文化地标和严州宋韵文化辨识度最高的文化符号。正如《龙山书院重建碑记》所云："今之龙山书院，北枕龙山，望高天流云，九州风物来眼底；南翔瓯越，看渚清沙白，万家忧乐到心头；东眺钱塘，引长风万里，春江潮涌连天阔；西骛豫章，揽一川烟霞，锦绣新安万古流。"龙山书院的重建，是习近平文化思想在地方实践的丰硕成果，是宋韵文化传世工程建设的生动体现，具有非常深刻的现实意义和深远的历史意义。

七、两宋时期严州建筑艺术的独特韵味和丰富的内涵

在两宋时期，经济、社会、文化都得到了长足的发展，科学技术更是取得了重大进步和突破，这使得宋代的建筑水平达到了新的高度。

建筑是凝固的音符。与唐代雄浑的特点相比，宋代建筑在造型上有很大的变化，显得纤巧秀丽、注重装饰。在建筑尺度上，不论是北宋都城东京，还是南宋都城临安，其城池和宫殿的规模都远远小于唐代的长安。陵墓建筑尺度的缩小也很明显。这种建筑风格主要是受到当时理学思想的影响。理学提倡"存天理、去人欲"，当时的中国文人学士及整个民族的文化心态，有"内敛""内倾"的特征，在物质层面上不求宏大，

而在精神上追求深广的蕴意。建筑风格以朴素、大方为主，不求奢华，注重实用。

在建筑布局上，宋代以前贵族和平民的住宅区别明显，即便是以开放著称的唐朝，民宅也不可以私起高楼，高大的只能是皇宫及皇亲贵族的府第，交易也只能在特定的区域进行。而到了宋仁宗朝，完全打破了"坊""市"界限，商业活动不再限制在特定的区域，住家和商业贸易、手工业作坊等直接面对街道，形成了临街设店的布局，并且取消夜禁制度，体现了城市市民意识的苏醒，也体现了宋代文化世俗化、平民化的倾向。

在建筑结构上，两宋时期出现了各种复杂形式的殿堂、亭台、楼阁等新型建筑。此时期建筑构件、建筑方法和工料估算在唐代的基础上进一步标准化、规范化，并且出现了总结这些经验的书籍《营造法式》和《木径》，工匠的技艺也越来越高超。表现在建筑上，斗拱的承重作用被大大减弱，且拱高与柱高之比越来越小。他们大胆采用减柱造，檐角越翘越高，形成了"飞檐反宇"的效果。同时，审美趣味的增加也使宋代建筑更加注重细节方面的塑造，比如琉璃的作用被充分发挥，宋以前的建筑中很少有使用琉璃瓦的。琉璃瓦不仅仅起到了装饰效果，将琉璃脊饰放置于瓦片的衔接之处，还可以防止雨水浸透屋子内部的木质结构。

两宋时期的严州营造，特别是政治经济中心严州古城的建筑，是丰富多彩的。这个时候，严州古城的23座坊门已经打开，临街大道两旁的楼堂店铺鳞次栉比，商业也随之崛起繁荣。由于市区人口密度扩大，用地紧张，许多商铺采用楼阁的建筑形式，以增加经营面积。楼阁建筑已成为当时商铺建筑的重要形式之一。为了适应市民和当地驻军人员生活，瓦舍、勾栏等建筑形式也开始出现。勾栏瓦舍，是民间娱乐的一个重要场所，名称的由来是因为古人发现玩闹之徒忽聚忽散，犹如砖瓦之

南襟丁水　潘劲/摄

属，便将其聚会玩闹的场所称作瓦舍或瓦子。勾栏是当时的一种演艺场所，相当于现在的戏院，勾栏里会有歌舞、傀儡戏、影戏、杂技、讲史等表演。瓦子以勾栏演出为中心，除勾栏的艺人表演外，还有杂货零卖、酒水饮食等。两宋时期严州的勾栏瓦舍，地点就在今天的双井弄。作为严州古城唯一的勾栏瓦舍，如今已经修复完成，这是严州宋韵文化的一个标志性建筑，也是目前浙江省唯一恢复重建的宋代勾栏瓦舍建筑。

　　两宋三百多年，书院建筑也是一个特殊的文化标识。宋代不仅有国子监，也有地方官办书院，民间私人创办的书院和私塾也很普及，朝廷对书院给予极大的支持与鼓励，不少私人读书讲学的场所，纷纷扩充为书院、书堂。这些书院建筑，特别是官办书院，都有一定形式和规制，如有牌坊、棂星门、泮池、讲堂、大成殿、藏书楼、校舍、寝室等。严州古城当时有四大书院，其建筑风格和建筑规模都非常宏伟。

　　两宋时期，严州的建筑还有会馆、祠堂、寺院、州衙、县衙、驻军衙署、

贡院、牌坊、善堂、亭台楼阁、城墙城楼、坛社庙宇等，其建筑艺术丰富多彩，格局新颖宏伟，蔚为壮观。

严州作为浙江省历史上曾经的 11 个州府之一，是天下名州和江浙望郡。在一千多年的历史进程中，曾经书写了辉煌的历史篇章，留下了光辉灿烂的文化财富。这些宝贵的历史遗产和资源，是严州文化的核心价值之所在，我们一定要充分发掘和利用好，以文化人，以文育人，为新时代宋韵浙江、宋韵杭州、宋韵建德的建设，贡献我们的聪明才智和文化的力量。

目 录

第三章　手泽之遗　风雅流芳
　　　　　——宋代严州书画

第四章　方志经典　史体新篇
　　　　　——宋代严州史著

第五章　墨黑如漆　字大如钱
　　　　　——宋代严州刻本

第九章　智蕴土木　物象万千
　　　　　　　　——宋代严州建筑

第十章　山川形胜　浙西锁钥
　　　　　　　　——宋代严州军事

严州 YANZHOU

宋韵 SONGYUN

第一章

余泽流风　卓荦千古

——宋代严州理学

严州城

宋韵严州

　　理学是两宋时期儒家思想在汲取道教、佛教有益内容的基础上，注入哲学因素，囊括天人关系而形成的哲学思想体系。这一哲学思想从北宋初期的雏形到南宋发展成为一个完整的思想体系，前后历经三百多年时间，并且直接影响到后世七百多年的历史进程。这一罕见的历史文化现象，在中国的历史文化进程中留下了不可磨灭的印迹，是中华五千年文明历史长河中十分宝贵的精神财富。

　　严州被称为理学名邦，是理学的重要传播地、理学思想的交锋地、理学名著的重要诞生地。北宋的儒学大家田锡、范仲淹等在这里大兴教育，南宋理学三贤朱熹、张栻、吕祖谦在这里相聚并进行学术切磋，一批本地理学家在这里传学著述，《二程遗书》《严陵讲义》《朱子家礼》《太极图书解》等理学名著的成书均与严州有关，奠定了严州理学在中国理学发展史上的重要地位。

理学名邦坊　沈伟富 / 摄

一、北宋时期严州理学的萌芽与发展

北宋时期的严州理学主要是在流寓名宦的大力倡导和推动下发展起来的。在北宋的一百多年时间里，先后有田锡、胡则、范仲淹、赵抃等当世大儒和朝廷重臣任职睦州，他们兴建州学、创办书院，使得睦州一地民风士气焕然一新。虽然这个时期严（睦）州本土理学大家并不多，但是，随着书院的兴盛，特别是龙山书院、丽泽书院、文渊书院、瀛山书院、石峡书院、钓台书院的创办，为严（睦）州后世理学人才的培养提供了优渥的条件。铁面御史赵抃在《睦州学进士题名记》中说，自范仲淹兴教办学之后，睦州一地，科举及第者成倍增长，留下了历史佳话。因此，北宋严州理学的特点主要体现在科举人才的层出不穷，肥沃了睦州这块儒学荒芜的土地，为后世严州理学的大发展奠定了基础。

1. 北宋初，儒学大家田锡任睦州知州，为严（睦）州儒学的发展带来了一股清新的空气

田锡（940—1004），字表圣，嘉州洪雅（今属四川）人，北宋政治家、文学家、辞赋家。田锡十分仰慕唐代的魏徵，经常上疏直言时政得失，以敢言直谏闻名。同时，他是一位革陈推新、影响后世深远的文学家，被称为宋代文学的开拓者和奠基人之一。太平兴国八年（983），田锡调任睦州知州。睦州当时佛教比较兴盛，当地人对礼教非常不重视，田锡亲自筹集资金兴建了孔庙，在孔庙创办了州学，并上表请求朝廷赐经书图籍给州学学生，朝廷下令赐给《九经》，从此睦州的学风慢慢开始好转。雍熙三年（986），田锡专门写下了《睦州夫子庙记》。在田锡到来之前，严（睦）州没有官办的州学，在田锡的努力下，严（睦）州儒学的发展才有了落脚之处，孔孟之道才有了发展的基础，儒学思想才

开始生根发芽。因此，田锡在严州理学发展史上留下了浓墨重彩的一笔。他与严子陵、宋璟、范仲淹、赵抃、张栻、吕祖谦一起，被列入"七贤"，并被请入州学文庙，供后人瞻仰。明代嘉靖年间的《严州知府题名碑记》中，田锡被列入贤侯榜单。

2. 宋代从严（睦）州儒学逐渐发展成严州理学，主要开创者是被朱熹称为"天地间第一流人物"的范仲淹

范仲淹（989—1052），字希文，苏州吴县（今属江苏苏州）人，北宋著名的政治家、思想家、军事家和文学家。他既是北宋新儒学发展的开拓者，也是建设者和推动者。他每到一地为官，都要兴办书院，宋代书院的兴起，范仲淹有非常大的功劳。范仲淹不但重视教育，而且慧眼识人，选拔和造就了一大批儒学人才。宋初理学"三先生"（胡瑗、孙复和石介），与范仲淹交往密切，他们受范仲淹的引导、激励和推荐，

龙山书院　胡建文／摄

将复兴儒学的精神付诸治学和讲学之中。北宋理学的奠基人"北宋五子"之一、世称横渠先生的张载，还有著名学者李觏，是范仲淹的弟子和好友，受范仲淹的影响非常大。范仲淹主张通过研读经典来培养经世致用之才，他最擅长研究《易》，著有《易义》，认为解《易》要"随义而发"，强调"经以明道，文以通理"，开创了义理派易学，是经世致用"易学"的最早演绎，他的解经方式被胡瑗、孙复、石介、李觏等人发扬光大。由范仲淹倡导、推行的庆历新政，改革科举、兴办学校，确立了"明体达用之学"，成就了宋元明时期的新儒学。正因如此，范仲淹可称之为宋代复兴儒学的第一人。

景祐元年（1034），因劝谏宋仁宗不可废黜郭皇后而触犯龙颜，范仲淹被贬任睦州知州。他下车伊始，就重修州学，创办龙山书院，在睦州招收童生，以六经为修习基础，以经世致用为修身之本开展教学，为睦州培养了大批的人才。龙山书院是严（睦）州历史上第一座官办书院。书院落成后，范仲淹邀请理学大家李觏为书院讲学，有力地推动了严（睦）州理学的发展。在睦州任上，范仲淹还复建了严子陵祠，写下了最能体现他名教观的《桐庐郡严先生祠堂记》。这一千古名文阐幽发微，表彰了光武帝礼贤下士包容大气和严光不事王侯的高风亮节。在《与邵餗先生书》中，他点明了建严先生祠堂的目的："思其人，咏其风，毅然知肥遁之可尚矣。能使贪夫廉、懦夫立，则是大有功于名教也。"这篇杰作蕴含着极为深刻的思想意义，发人深省，故千百年来传诵不衰。范仲淹在睦州任上虽然不到一年，却有力推动了严（睦）州文教事业的发展，为严州理学打开了一扇新的窗户。

3. 北宋著名儒学大家、与张载并称"双杰"的李觏曾在睦州州学任教习

李觏（1009—1059），字泰伯，号盱江先生，建昌军南城（今江西抚州）人，哲学家、思想家、教育家、改革家。李觏毕生好学，著述宏富。他不拘泥于汉、唐诸儒的旧说，敢于抒发己见，推理经义，成为"一时儒宗"，曾巩、邓润甫等都是他的学生。李觏提出功利主义的理论，反对道学家们不许谈"利"言"欲"的虚伪道德观念。他从实际物质利益是人类社会生活的根本这一基本观点出发，解释社会历史现象。他认为治理国家的基础是经济，是物质财富。所以，他反对把实际物质利益和道德原则，即"利"和"义"对立起来。李觏的经济思想与庆历新政的目标不谋而合，给予庆历新政理论上的支持，他的思想在赵宋王朝是非常突出的，也许只有南宋的叶适堪与其匹；同时，他在中国经济思想史上也有一席之地，是一位承上启下的历史人物。

李觏是深受范仲淹器重和赏识的青年学者，与范仲淹的关系非常亲厚，范仲淹在各地任职，多次邀请李觏到州学任教讲学，并将他举荐给朝廷。在睦州任上，范仲淹也曾给李觏去信，邀请他到州学任讲贯。范仲淹还把自己的得意之作《严先生祠堂记》给李觏看。李觏看后认为，文中"云山苍苍，江水泱泱，先生之德，山高水长"，云山江水意义和文字很大很深，用它来修饰"德"字，有点局促了，建议范仲淹将"德"字改为"风"字。范仲淹叹服，将"德"改成了"风"，留下"一字师"的千古佳话。这不仅体现了李觏的才思敏捷，也反映了范仲淹的虚怀若谷。

4. 江公望是严（睦）州理学发展史上的一位标志性本土人物

江公望（1039—1127），字民表，号建庵，别号钓台翁，建德人，

北宋著名谏官、诗人。宋熙宁六年（1073）中进士。

建中靖国元年（1101），江公望拜左司谏，开始了长达二十余年的台谏官生涯。在左司谏任上，他尽心尽责，直言敢谏，以"上不欺天，中不欺君，下不欺心"为人生宗旨。宋徽宗能诗擅画，热衷于赏奇玩异石、养珍禽异兽。江公望多次进谏，力劝徽宗戒了玩物丧志的恶习。徽宗听了他的劝谏，将所有的珍禽都放走，只留了一只养了很久的白鹇。为了警醒自己，宋徽宗将江公望的姓名刻在赶跑珍禽的手杖头上。

当时，奸相蔡京当政专权，多次被江公望弹劾，蔡京怀恨在心，将江公望贬去南安军（今江西大余），只能在指定地点生活，不得自由活动。直到晚年遇赦后，江公望才回到家乡。晚年的江公望，潜心理学，精研佛学，在理学上颇有造诣。他的《心说》《性说》，在当时影响广泛，特别是对后世陆九渊的心学影响很大。

江公望诗词歌赋样样精通，著作丰厚。著有《严陵弃稿》14卷及《江谏议奏议》等。特别是他的"谏疏"，成为后世效仿的典范和楷模。梅城古镇江家塘边有一座高大的牌坊——里仁坊就是为纪念江公望而建的。

江公望从入学读书到考中进士，一直住在梅城西门，梅城现留有江家弄、江家塘等遗址。南宋建炎元年（1127），江公望病逝。建炎四年（1130），高宗重新评价江公望的功过得失，为江公望平反，追封他为右谏议大夫。

二、南宋时期严州理学的辉煌七十年

南宋是中国理学发展成熟的标志性时代。当时南宋政治中心在临安（今杭州），作为京畿三辅之一的严州，其地位也达到了历史上最辉煌的时期。南宋度宗时，严州升格为府，称"建德府"，成为江南重镇，经济社会更加繁盛。作为比较安定的大后方，严州是当时文人墨客经常居留和来往的地方，严州理学也迎来了辉煌的 70 年。这个年代的划分大约从南宋乾道五年（1169）至淳祐元年（1241），即张栻、吕祖谦任职严州，到朱熹应詹仪之之邀到瀛山书院讲学，东南三贤会聚严州，形成严州历史上第一次"严州会讲"开始，再到朱熹关门弟子陈淳应严州知州郑之悌之邀到严州讲学，形成历史性的第二次"严州会讲"，最后到理学大家卫湜出任严州知州，并且在严州任上集成刊刻《礼记集注》结束。其间，儒学大家袁枢于乾道七年（1171）出任严州州学教授，并在任上编写了《通鉴纪事本末》，为严州理学增添新的空间。这一时期的严州，本地的理学大家不断涌现，有喻樗、詹仪之、赵彦肃、钱时、方逢辰、吕人龙、方逢振、胡子廉等，形成了严州理学星空亮丽的风景线。在前后跨度长达七十多年的时间里，严州一度成为理学思想的重要交锋地，是严州理学最为鼎盛与辉煌的时代。

1. 朱熹、张栻、吕祖谦三位理学大家，史称东南三贤

张栻（1133—1180），字敬夫，号南轩，汉州绵竹（今四川广汉）人，南宋理学家、哲学家、教育家，湖湘学派一代宗师。张栻最大的贡献是在学术思想与书院教育上，他以长沙的岳麓书院、城南书院等为基地，培养了大批学者，使湖湘学派闻名全国，以至于当时学者"以不得卒业于湖湘为恨"，对朱熹思想的形成与确立有着重要影响。张栻的理学思想，以"二程"为正宗，而又有所发挥，重在明义利之辨。他的学说以"理"为本体，但又突出"心"的主宰作用，因而具有心学的色彩。他在仁说、人性论和修养方法等方面也有所阐发，富有特色。张栻的理学思想重在人伦，始终贯穿着明义利之辨，宣扬"去人欲存天理"的道德论和学术

宗旨。

吕祖谦（1137—1181），字伯恭，婺州（今浙江金华）人，史称东莱先生，南宋理学家、文学家、教育家。吕祖谦博学多识，主张明理躬行，学以致用，反对空谈心性，发"浙东学派"之先声。他所创立的"婺学"，又称"金华学派"，是当时最具影响的学派，在理学发展史上占有重要地位。吕祖谦还是南宋中期学术争鸣的重要推动者，他团结和吸引了一大批来自不同地域、不同派别的学人，相互之间切磋交流、碰撞融合，为南宋学术繁荣作出了突出贡献。

朱熹（1130—1200），字元晦，号晦庵，祖籍徽州婺源（今属江西），出生于南剑州（今福建南平）尤溪县。南宋时期理学家、思想家、哲学家、教育家、诗人，闽学代表人物，被后世尊称为朱子。朱熹享年较长，弟子众多。他长期从事讲学和著书立说，形成了一个有势力、影响广泛的学派。所谓的"程朱理学"，朱熹是实际上的集大成者。朱熹注释了北宋时期重要的理学家著作，又编著了一部最早的理学史著作《伊洛渊源录》，对奠定理学的基础起到了十分重要的作用。他的《四书集注》《诗集传》，被后世定为经典，成为科举考试的必备书目，其影响之广泛与深刻是无与伦比的。尽管经历了"庆元党禁"时期的打压和禁锢，但是，朱熹的地位反而日渐隆昌。在朱熹门徒的心目中，朱熹可与孔、孟比肩。孔子被称万世师表，朱熹被称万世宗师。

张栻、吕祖谦与朱熹齐名，但是两人的寿命都不长，学术成就也不如朱熹大。张栻的理学思想与朱熹颇为接近。张栻为名门之后，成名较早，在当时比朱熹的影响还要大。朱熹的《敬斋箴》就是仿照张栻的《主一箴》写出来的。但是两人之间也有一些不同意见的辩论。这个辩论过程使朱熹在理学思想的发展上，受益匪浅。吕祖谦得中原文献之传，以史学见长。他的理学思想是通过史学著作来表达的。他与朱熹同编《近思录》，选定北宋理学家的语录为蓝本进行编撰，影响极广。

2. 东南三贤会聚严州，为严州理学的发展绘下浓墨重彩的一笔

南宋乾道五年（1169），吕祖谦任严州教授，同年十一月，张栻出任严州知州。两位当时影响最大的理学大师几乎同时到任严州，成为理学史上的一大美谈。张栻与吕祖谦，从学术渊源看，有同门之谊。张栻的老师五峰胡宏是吕祖谦的老师绩溪胡宪的堂兄，两人虽然所治之学不尽相同，但主旨是一致的。所以张、吕一见如故，双方各陈所学，随时交流，这个过程，也被后世称为张、吕"严州理学会讲"。

为了推动理学的发展，张栻到任之后，立即扩建州学，特地为吕祖谦创办了严州丽泽书院，同时广招人才。在张栻的全力支持下，吕祖谦大力整顿州学，并将在明招山讲学时所制定的《规约》拿到州学施行。作为州学教授，讲学是吕祖谦的本职工作。张栻在公务之余，也经常在州学开讲。据《（景定）严州续志》记载，当时的"严州会讲"盛况空前，来自大江南北的学者和生员，一时间汇集严州古城，会讲课堂的府孔庙泮池的石拱桥上，都站满了生员和听众。浩大的声势，引起了广泛的社会共鸣。在"严州会讲"里，张栻主要讲《格物致知》。吕祖谦主讲的是《春秋》，后来根据这一时期会讲的内容，结集成册，并刊刻了《春秋讲义》；在严州任上，他还撰写了《己丑课程》《己丑所编》两种著作。

除了讲学，二人之间的讲论非常频繁，且以吕祖谦向张栻请教为多。张栻去世后，吕祖谦为之撰写祭文，主要篇幅都是描写这段与张栻会讲的岁月。一方面吕祖谦虚心请教，有疑则问，另一方面张栻虚怀若谷，知无不言，二人之间密切的学术讨论，形成了共同意见。

张栻、吕祖谦对于编刻理学书籍有着浓厚的兴趣。周敦颐的《太极通书》是张栻和吕祖谦在严州合作编刻的。此书在"严陵学宫"付刻，

吕祖谦作为州学教授，自然躬亲其事。吕祖谦在严州期间还刊刻了《阃范》一书。此书杂取经史子集中有关家庭伦理道德的嘉言懿行，在吕祖谦到任严州前已经编成；张、吕聚首后，张栻非常欣赏此书，撰序嘉许，并鼓励吕祖谦刊刻出版。刊行后，张栻还命女儿诵读。

同一时期，东南三贤中成就最大的朱熹，因为母亲去世在尤溪故里守孝，但是始终关注着这一时期的"严州会讲"，并且经常以书信的形式，提出自己的建议和主张，与张栻和吕祖谦进行了激烈的思想交锋，推动了南宋理学走向了新的高峰。这些书信有的是直接写给张、吕二人的，有的是通过严州本土理学家詹仪之代为转达和传递的。张、吕二人也经常写信给朱熹，比如请求蠲免丁钱、谏张说事等，他们都曾写信与朱熹讨论过。他们共同讨论过的问题，主要涉及朱熹所著的《知言疑义》《太极图说解》《西铭解》《中庸集解》，以及吕祖谦编撰的《阃范》等。

乾道六年（1170）初，朱熹写出了《知言疑义》的初稿，分别寄给吕、张二人。《知言》是理学家胡宏的著作，作为胡宏的传人，张栻最关注《知言》，在严州之时，便经常与吕祖谦讲论。接到朱熹《知言疑义》书稿后，张栻将二人讨论的成果寄给了朱熹，朱熹将这些成果吸收到了书稿里，可以说张、吕二人对于朱熹写作《知言疑义》有着重要影响。同一时期，朱熹写了《太极图说解》，寄给在严州的张栻、吕祖谦讨论，至闰五月修订成，再次寄张、吕。乾道六年（1170）闰五月，吕、张二人合作编刊的《太极通书》，与朱熹所编的《二程先生遗书》刻于严州学宫。《太极通书》还及时将朱熹新定稿的《太极图说解》列于篇首，带有导读的性质，可见吕、张二人对朱熹的重视。

同年秋，朱熹将其所作《西铭解》寄给张栻、吕祖谦讨论。吕祖谦自己编撰了《阃范》，也请张、朱二人指教。朱熹实际上已经深度参与了乾道年间张、吕的"严州会讲"，并且在激烈的辩论和相互探讨中，不断完善和丰富了自己的理学思想。第一次"严州会讲"之后不久，朱熹应老朋友詹仪之之邀，前往严州遂安瀛山书院讲学，为严州理学营造了里程碑式的辉煌岁月。东南三贤会聚严州，为南宋时期中国理学的升华和走向巅峰开辟了新的途径。

3. 朱熹的关门弟子陈淳在严州的会讲，为朱子之学在严州的传承起到了重要作用

陈淳（1159—1223），字安卿，漳州龙溪北溪人，人称北溪先生。

南宋宁宗嘉定九年（1216），陈淳应严州知州郑之悌之邀，来到严州郡庠学堂讲学，他这次讲学的讲稿有《严陵讲义》和《二辩》。其中《严陵讲义》，主要有"道学体统、师友渊源、用功节目、读书次序"四章，系统地阐述了理学渊源和读书方法，对后世影响很大。这也是严州理学发展历史上第二次严州"会讲"，盛况空前，明《（万历）严州府志》曾记载过当时的盛况，四方游学的生员和学者，都摩肩接踵前来听讲，探讨和辩论程朱理学时代发展的前进方向。

这次陈淳的严州讲学，距朱熹去世已经十七年。经过十多年的"下学"工夫，在《严陵讲义》里所反映的陈淳的理学思想已臻成熟。这四篇讲义，从世界观到方法论，都有所论述。再加上《似道之辩》《似学之辩》（《二辩》），陈淳卫护朱学的思想就十分突出了。严州的士人在聆听陈淳讲学之后，纷纷接受陈氏思想，重入朱子之学一途，在一定程度上改变了当地陆学盛行状况，维护了朱熹在严州的学术地位。

家学相承、师徒相传也是学术传播的重要方式，通过这种方式的传播，朱熹的理学在严州地区得以衍流不息。如淳安的方镕为朱熹的再传弟子，秉持朱氏之学，其子逢辰、逢振恪守庭训，也钻研程朱理学。逢辰孙方一夔"幼承家训""退隐富山，授徒讲学"。淳安人邵桂士、汪

斗建亦为方氏弟子，他们都谨遵师训，坚守朱子学说。遂安的詹仪之为朱熹门人，他是严州地区朱熹理学的重要继承者和传播者。其后世子孙詹铨吉"家世承仪之理学"，传承祖宗学说，詹氏子孙是朱熹理学坚定的信仰者。遂安的郑朝汉"筑伊山精舍，祖称程朱"，其子禹畴"淡于仕进，潜心理学"，"守廷训，讲学青溪，携宪副方蒙猗阐蛟峰绪论"。禹畴子士瑜"恪宗紫阳正派"，祖孙三代皆恪守朱熹理学思想。

4. 卫湜和《礼记集说》

卫湜，字正叔，自号栎斋，学者称之为栎斋先生，平江府昆山（今江苏昆山）人，南宋嘉熙三年（1239），卫湜出任严州知州。

《礼记》为理学所确定的"六经"之一，为历代儒家所推崇。自汉唐以降，历经一千多年的历史，众多儒学大家都有过不同的注释和译著。南宋儒学大家卫湜，前后耗时 30 年之久，先后搜集了 144 个不同注释版本，博采众长，集成 160 卷，于南宋嘉熙四年（1240），在严州知州任上刊刻成书，题为《礼记集说》。这是一项十分浩繁的文化工程，是严州理学发展历史进程中一个重大的标志性事件。同时为严州理学的辉煌七十年画上了圆满的句号。

《礼记》又名《小戴礼》《小戴记》，成书于汉代，相传为西汉礼学家戴圣所编。《礼记》是中国古代一部重要的典章制度选集，共 20 卷 49 篇，书中内容主要写先秦的礼制，体现了先秦儒家的哲学思想（如天道观、宇宙观、人生观）、教育思想（如个人修身、教育制度、教学方法、学校管理）、政治思想（如以教化政、大同社会、礼制与刑律）、美学思想（如物动心感说、礼乐中和说），是研究先秦社会的重要资料，是一部儒家思想的资料汇编。

《礼记》章法谨严，映带生姿，文辞婉转，前后呼应，语言整饬而多变，是"三礼"之一、"五经"之一、"十三经"之一。自东汉郑玄作"注"后，《礼记》地位日升，至唐代时尊为"经"，宋代以后，位居"三礼"之首。《礼记》中记载的古代文化史知识及思想学说，对儒家文化传承建设有重要影响。

《礼记集说》160卷，始撰于开禧、嘉定间，历30余年而后成。魏了翁于宝庆元年（1225）为其作《礼记集说序》。宝庆二年（1226），卫湜写了《礼记集说序》及《礼记集说后序》，详细讲述了编撰始末。同年十月，将其进献于朝廷。这本书博采众长，吸收自汉代到南宋间共144位作者对《礼记》的解释，全书采用照录原文不见论断的形式，保留了大量历代学者对《礼记》的解释文字，因此被称为"礼家之渊海"，在中国礼学史上有着特殊的地位。

卫湜出任严州知州后，严州的优越刻书条件，给予了他刻印《礼记集说》增订本的条件。嘉熙四年（1240），严州历史上最为浩大的刻本工程终于完工，为严州理学留下了宝贵的精神财富。

三、南宋时期严州本土理学大家

自南宋乾道五年（1169），张、吕、朱"严州会讲"至嘉定九年（1216）陈淳的"严州讲学"，前后经过近五十年的厚植和锤炼，特别是朱熹理学思想的传承发展，严州理学的天空，人才辈出，星光闪耀。明《（万历）严州府志》在描述严州理学人才时曾有诗云：

宋代名贤，倡道兹乡。

喻樗以后，仪之融堂。

龙人有吕，蛟峰有方。

后先羽翼，不诡紫阳。

斯文一脉，吾党之光。

这里提到的许多严州理学大家，有的当年曾参与张、吕"严州会讲"，有的与朱熹论道瀛山书院，有的是"鹅湖之会"主持人。正是严州本土理学家的不断涌现，才能构成严州理学光辉的篇章。

1. 喻樗

喻樗，严州建德人，字子才，号湍石，一号玉泉，师从理学家杨时，为二程的再传弟子，严州本土著名理学家。南宋建炎三年（1129），考中进士。

喻樗为人性格直爽，喜欢发表议论。时赵鼎任职秘书阁，喻樗非常仰慕赵鼎，专程前往拜谒，两人议论当朝政事，一见如故。喻樗劝说赵鼎：您侍奉皇上，要多讲一些理学经典，不要让皇帝率性而为。您在侍讲学问时，要像孔子一样，不多说，而是用诚意，让皇帝感受到您的忠心。赵鼎听后，觉得眼前这位年轻人是一位有独特思想的奇才，就聘请他为自己的幕僚。赵鼎到四川、陕西、荆襄地区就任时，让喻樗参与决策。

南宋绍兴元年（1131），宋高宗赵构御驾亲征。喻樗为此特地面见赵鼎，认为御驾亲征不够安全，建议派名臣张浚统领兵马，去接应皇帝。赵鼎接受喻樗的建议，向皇上推荐起用张浚，于是张浚被任命为兵部侍郎，喻樗也与张浚经常有来往。

不久，因为赵鼎的推荐，喻樗被授新职。金人退兵后，赵鼎、张浚相处很是融洽。朝廷也决定让两人一起为相，大家都认为这是好事，喻樗却有不同见解，说：二人为同朝重臣，将来赵鼎退去就由张浚来接替这样更好。如果二人同处相位，万一有不相合之处，会影响大局。后来两人果然在北伐等事上产生矛盾，两人也相继罢相，事情正如喻樗预料的一样准确。对于朝臣合力同心问题，喻樗还做过形象的比喻：推车的人遇到艰险虽然有过互相指责，但是还是能同心协力，共渡难关，等到车子停下后，那就又会和好如初了，对于国家也是如此。

在此之前，喻樗和状元张九成都是主战派，而秦桧主张议和，屈膝投降，有人就迎合权臣秦桧的主意，弹劾喻樗和张九成，并对两人诽谤讥讽。喻樗被贬为安庆怀宁知县，后又担任湖南衡阳通判，不久后被逼告老还乡。

秦桧死后，喻樗又被起用，提拔为工部员外郎，后出任蕲州知州。宋孝宗继位后，又擢升为浙东常平提举。喻樗为官一任，造福一方，百姓口碑很好，朝廷也认为他是个能臣。

喻樗还特别能够慧眼识英雄，擅长辨识人才。在宋徽宗当政期间，他就断言朋友沈晦一定是进士当中的第一名。果然宣和六年（1124），沈晦高中状元。建炎初，他又说张九成当第一，南宋绍兴二年（1132），张九成果然中了状元。

喻樗的女儿待字闺中，很多富贵人家上门前来求婚，喻樗都不答应，他把两个女儿许配给当时还是布衣的青年才俊汪洋和张孝祥。后来，汪洋、张孝祥都高中状元。

明《（万历）严州府志》在理学一节首提喻樗之名，并有小传记之。

喻樗一生为官清廉，精研理学，著有《中庸大学论语解》及《玉泉语录》等书，今多不传。

2. 詹仪之

詹仪之（1123—1189），字体仁，号虚舟，遂安郭村人。绍兴二十一年（1151）登进士第。

詹仪之故里 沈伟富/摄

詹仪之与朱熹交往密切，是程朱理学的志同道合者。因此，在詹仪之去世一周年之际，朱熹专程来到瀛山书院，并为之写下一篇情真意切的《祭詹侍郎文》以致哀思。

南宋绍兴二十一年（1151）春，朱熹与詹仪之偶然相遇，当朱熹得知詹仪之为遂安人时，因朱熹祖籍婺源，和遂安曾同属徽州，即有一种老乡相见之感，从此，开始了毕生的友谊，也为后来朱熹到淳安讲学埋下了伏笔，为詹仪之主政信州、主持鹅湖之会奠定了基础。

詹仪之的祖父、父亲、伯叔等都在朝中做官，诗书传家。他从小就"慨然有志于学"，在其祖父创办的瀛山书院刻苦攻读，并研习理学，于绍兴二十一年（1151）中进士。仪之尚未为官时，已经在瀛山书院讲学，并研习易经理学，其人品、学问受到大家认可，声名远播。

南宋乾道五年（1169）秋，詹仪之邀请朱熹到瀛山书院讲学，朱熹也早有到遂安游学和访友之意，于是，朱熹在张栻、吕祖谦等好友的陪同下，随詹仪之来到遂安马凹里（今淳安县姜家镇郭村）瀛山书院。

朱熹一行到瀛山书院，在詹仪之的丽泽所安顿下来（《瀛山书院志》载：丽泽所，吏部侍郎詹仪之与朱文公、张宣公、吕成公相友善，往来论学于此）。在瀛山书院，朱熹被这里的美景和詹氏家族浓郁的文化气息所吸引，他在书院的方塘边，即兴赋成千古绝唱《题方塘诗》：

半亩方塘一鉴开，天光云影共徘徊。

问渠那得清如许，为有源头活水来。

在这首诗里，朱熹把半亩方塘比作一面明亮的镜子，天光云影在这面明亮的镜子里徘徊荡漾，变幻出各色鲜活灵秀的自然美景。这面镜子就像自己的心灵窗户，只有用"源头活水"来冲洗，才能使自己的心灵不断地摄取窗外的美景，才会晶莹、淡泊、宁静、庄重、诚实和美丽，才会有鲜活的生命力，以此生动地总结和阐述了自己的为学之道。朱熹通过半亩方塘的"源头活水"而豁然通达，悟到了"源头活水"之道，认识到要"上承千圣之绪，下启后学之端"，架构自己的理学思想体系，就必须借助于"源头活水"，即自孔、孟、周、程以来的道学传统，从中不断地吸取营养，丰富自己。由此，阐释了人类追寻真理、追求进步而不可缺少的无止境的求索创新精神。

在瀛山书院，朱熹为詹氏族戚子弟讲学，远近仕子也慕名而来，随行的张栻、吕祖谦和真德秀等也一起讲学。这次瀛山讲学，实际上是一次由朱、张、吕、真、詹共讲并有众多学者参与的讲会。讲述的内容主要是为学之道和朱子这一学派的理学观点，也介绍了其他学派，让学子们开阔了视野，提高了学术思想水平。

这次的瀛山聚会，为日后由吕祖谦发起倡议的鹅湖之会打下了良好的基础。

在之后的几年间，朱熹又数次专程赴姜家讲学，有文字记载的就有四次。朱熹在瀛山书院主要讲论"格致之学"和"补大学格致章"，即朱熹《大学章句》中的《补大学格物致知传》。这是朱熹认识论的总纲，是程朱理学格物致知论的精髓，是在姜家讲学的主旨所在。讲学中，朱熹常与詹仪之讨论"格物之学""阐格致之论"，将讨论的结果"于瀛山而补辑之"，使朱熹的《大学章句》更为完善。朱熹与詹仪之所探讨的"理气关系、格物致知、知行合一"等，都有着鲜明的辩证法观点，对我国思维理论的发展有着积极的影响。

朱熹讲学在瀛山乃至整个淳安都产生了深远的影响，在朱熹的引导下，乾道、淳熙年间，瀛山书院先后有詹渊、詹诛、詹骙、詹效之、詹价之等人考取进士，其中詹骙考得殿试第一，中了状元，大魁天下。

南宋淳熙二年（1175），詹仪之任信州（江西上饶）知州。当时，吕祖谦为了调和朱熹理学和陆九渊心学之间的理论分歧，使两人的观点"会归于一"，于是出面邀请朱熹和陆九渊、陆九龄兄弟等人在信州鹅湖寺论学，史称"鹅湖之会"。詹仪之作为信州最高长官，"鹅湖之会"的主持人，又作为讲会三方（朱熹、陆九渊兄弟、吕祖谦各为一方）朱熹这一方的学者，至鹅湖与朱熹"往复问辩无虚日"，这段经历，使詹仪之与朱熹"学之共鸣，友之相契"更甚。"鹅湖之会"是中国理学史上的大事件。詹仪之参与并主持这次盛会，在理学发展的历史上作出了不可磨灭的贡献。

鹅湖之会上，朱、陆二人就理学的基本问题进行争辩，后来因为朱、陆相攻不已和陆门弟子的渲染，给人造成了一种错觉，似乎鹅湖之会是一次争得不可开交的相会。实际上，根据陆九渊本人的回忆，说鹅湖之会主要是在前三日就"教人"问题上进行了争辩，在之后五六天时间的切磋论学中，对一些具体的经学和理学问题很多地方还是相一致的。

　　十天的鹅湖之会并没有达到"会归于一"的预期目的，反而暴露了朱熹理学与陆九渊心学从本体论到方法论之间横亘着一条难以弥缝的鸿沟，给两人的关系留下了一道潜在的裂痕。但在当时，"鹅湖之会"一方面使他们各自对对方的思想及其分歧有了进一步的认识，另一方面也促使他们都对自己的思想进行了自我反省。"鹅湖之会"后，朱熹和陆九渊都表示要考虑对方观点，克服一己之偏。吕祖谦回到婺源后，在给陈亮的信中，对这次"鹅湖之会"的论争作了一个总的评价："某自春末为建宁之行，与朱元晦相聚四十余日。复同至鹅湖，二陆及子澄诸兄皆集，甚有讲诲之益……讲贯诵绎乃百代为学通法，学者缘此支离泛滥，自是人病，非是法病，见此而欲尽废之，正是因噎废食。然学者苟徒能言其非，而未能反已就实，悠悠汩汩，无所底止，是又适所以坚彼之自信也。"

　　淳熙四年（1177），詹仪之转任两广经略安抚使，朱熹与詹仪之书信往来频繁。詹仪之"上书论广盐官鬻之弊"，深受孝宗赞许，他在广西推行盐政改革，受到朝廷部分官员的指责，淳熙十六年（1189）正月，詹仪之被贬，但他没有赴任，二月，他退归故里，七月在家中病逝。朱熹知道詹仪之这些际遇后，写信安慰詹仪之，足见他们相互之间的知遇之重。淳熙十六年（1189）二月，詹仪之归退故里后，朱熹特意到瀛山书院看望。詹仪之逝世后，朱熹又于次年来到遂安祭奠，并作《祭詹侍郎文》，为失去这样一位契友而深深扼腕。

3. 赵彦肃

　　赵彦肃（1148—1196），字子钦，号复斋，宋太祖之后。其祖上到严州做官，后定居建德，成为建德人。他小时即端庄凝重，少年老成。十五岁应试中举人，十八岁考中进士，出任宁国军（今安徽宣城）掌书记。他公务之余不喜欢游乐，只喜欢与前辈老将谈靖康年间战事，了解历史。

有一年遭遇洪水，水势凶猛，冲决圩田，赵彦肃乘一叶小舟送粮救人，救护了不少百姓。后来他调任秀州（今浙江嘉兴）推官，主管司法刑狱。他见狱中关押了许多重犯，感到很惊讶，调查之后，才得知是因为争造庙宇引起了很多斗殴纠纷。于是他从源头抓起，大力整顿小庙小庵，斗殴之事大为减少，狱中也为之一空。转任华亭县丞后，他奉命审查疑案。每次审问，他都先摘除犯人枷铐，通过深入细致的调查，找到真正的元凶，据实判决，官民皆服。

后来赵彦肃任保宁军掌书记。当时的保宁政事废弛，幕僚们认为，要以严厉的手段来整顿郡治，只有赵彦肃主张仁政，并说服知州李彦颖按照他的意思去做，不久果然州内治安太平。当时州库中存有杂钱数十万，本来按惯例都要发掉的，赵彦肃建议用这笔钱刊刻周敦颐、程颐、程颢及张载等理学大家的书籍，发给郡学诸生诵读，他还亲自去讲学，使学生们大有进益，受到学子的称赞。

高宗死后，赵彦肃按制执丧三年，三年满后，宰相周必大向皇帝报告了赵彦肃严格按照古礼为先皇执丧尽忠的事迹。周必大说，先皇宾天之后，赵彦肃即"溢粥蔬食，以至于今"，文武百官之中能如此知古识礼并身体力行的很少见，如此忠孝的臣子，理应予以表彰。孝宗听了，也十分感叹："难得宗室中还有如此贤人！"下旨命皇太子去结识赵彦肃，学习他的品行和学识。随后，赵彦肃被调任榷货务都茶场场监。榷货务与都茶场是两个机构，榷货务属太府寺，主管贸易、物价，是一个掌控国民经济命脉的重要部门；都茶场管理茶引，也是一个重要的经济管理衙门。榷货务与都茶场虽为两个机构，但都设置在榷货务衙门内，由提辖官和监官通管，很有实权。赵彦肃到任后，发现都茶场每年要向百姓征收乳香以供皇室之用。乳香是一种名贵药材，可作熏香剂使用，每年征收的乳香费高达24万缗，成为老百姓的一项沉重负担。赵彦肃就此事向宰相周必大奏报，建议革除此项弊政。周必大采纳了他的建议。赵彦肃的这项建议，为百姓减轻了很大的负担。

赵彦肃天性孝顺，在官任职时，就将内外姻亲全都请来一起吃饭，共享天伦之乐。朝廷发给的俸禄全都交给母亲支用，兄弟花钱也来他这里取，他从来没有吝啬过。旁人见了，提醒他应该注意节用，他却说："吾知有吾母而已，焉知其他！"母亲逝世，他三天不入水浆。母亲未葬之前，他只喝粥；丧礼后，仍然只吃蔬果，穿孝衣草鞋，见到他的人无不被他的悲情所感染。赵彦肃的孝行感动了当地百姓，也让严州人认识了什么才是真正的古代的丧事礼仪。服母丧期满后，赵彦肃一直居住在家。因为不当官，没有收入，缺少经济来源，家境十分穷困，有时连吃饭都成问题，不得不亲自下园种菜。朱熹知道后，向主持朝政的宰相赵汝愚反映赵彦肃的窘况，赵汝愚决定起用他为宁海军节度推官。恰在此时，朝中有四位大臣也联名荐举赵彦肃，这四位荐举官，赵彦肃一个也不认识。诏命虽下，但赵彦肃已经得病了，庆元二年（1196）二月，49岁的赵彦肃病逝。

在赵彦肃病重期间，朝中奸臣当道，赵彦肃担心国事，忧愤废食，不久，朱熹罢官，赵汝愚、吕祖谦也先后被罢，赵彦肃忧愤更甚，病情加重。逝世前三日，学生们前往看望，赵彦肃的舌头已经发僵，言语不清，但仍然和学生们探讨学问，讲论义理，自叹"脚步短，不能进"，勉励学生要继续努力，取得更高的成就。他逝世后，家里没有什么积蓄，集中所有财产，才勉强料理完丧事。三月，葬于建德县芝川乡下王坞（今建德市乾潭镇陵上村境内）。

赵彦肃博学多才，诸子百家的书都看，而且都很精通。在家闲居之时，常有学者慕名而来，叩求学问，赵彦肃"随叩辄鸣"，有问必答，上至卦画象数、仪象律历、封建方田、仪礼司马法及释书、道藏，下至医卜、导引气功之类，无论问哪方面的问题，都能针对所提问题给予圆满的解答，使学者满怀期望而来，满载知识而去。但是他却谦虚地说："我这样做不过如开店经商，多备些货在店里，以供人需求而已，算不得真学问，如果再过十年，我将关门落锁，等待能人了。"

赵彦肃著有《广杂学辨》《士冠士昏礼馈食图》等书，为大学者朱熹所称道。朱熹曾对学者们说："读子钦《广杂学辨》一书，觉得近世少有这样能深研学问的人。"朱熹作《礼仪集注》一书，就是因"有感于子钦所图而作"，两人互相仰慕，亟盼能见面欢聚，于是朱熹给赵彦肃写信，盼望赵彦肃去武夷山一叙。赵彦肃收信后，回信诉说了因家贫无川资、不能远行的无奈之况。

赵彦肃于《易》学深有研究，他的《复斋易说》，是对《易经》阐释影响深远的理学名著。其取旨从象数入门，以画为号，与朱熹的研究路数不同。朱熹就易学赠赵彦肃诗：

> 至言谁道微幽深，赫日当空久照临。
>
> 须信石中元韫玉，莫于沙外别求金。
>
> 但无己意争经意，便尽凡心得圣心。
>
> 幸若桐江江上客，凭君远附白头吟。

赵彦肃也有赠朱熹的诗：

> 易道研几且极深，羲文未远实昭临。
>
> 圣门洞见难怀宝，海宇穷搜孰断金。
>
> 春到刚阳穿地脉，夜深皎月挂天心。
>
> 拟将比拟元方体，聊复因书试一吟。

后来，两人终于见面了，两人虽然学术观点不同，议论不合，但互相的思慕之情仍与日俱增。赵彦肃病故，朱熹极为悲痛，对人说：像赵公这样品行高洁之人，如今世上是很难得的了。他耗费半生心血写就的《易说》一书，不知刻印了没有？《广杂学辨》和《士冠士昏礼馈食图》两书已散佚无存，《易说》虽幸存，但是能读懂的人也很少了。

赵彦肃去世后，严州人十分怀念他，南宋嘉定十二年（1219），知州郑之悌在祥符寺遗址建赵复斋祠以志纪念。南宋宝祐三年（1255），知州季镛绘复斋先生肖像于学宫之先贤祠，供诸生祭祀。赵复斋祠的原址在梅城城东北建安山南麓。赵彦肃去世25年后，严州知州许兴裔将《易说》刊刻成书，并将新书"刊置公之祠堂"，以方便求学者。

清康熙十五年（1676），大词人纳兰性德刊刻《通志堂丛书》，将赵彦肃的《易说》收入此书，并亲自为之作序，此书现存国家图书馆。

赵彦肃是严州历史上著名的学者，在当时就很有影响，不仅学问精深，品行也十分高洁；他为官时能处处替百姓着想，为人师则诲人不倦，为人子则孝于亲，为人臣则能尽忠，是一个恪守儒家礼仪规范的大学者，足堪为人师表。

赵彦肃不仅精通《易》理，还特别精通音律，是一位泛通《六经》的通才。赵彦肃传承的《诗经》曲谱，至今传唱不衰。

《诗经》乐谱的流传有四大系统，以赵彦肃所传唐开元乡饮酒礼所用之《风雅十二诗谱》为最早。赵彦肃的这一成果，被朱熹记录在他编著的《礼仪经传通解》一书中。

《风雅十二诗谱》后来由宋末元初学者熊朋来所传承，收在《瑟谱》一书中，题名《诗旧谱》。清光绪三十四年（1908），清政府学部图书馆出版了云南人袁嘉谷整理的《诗经古谱》，《风雅十二诗谱》收入其中。

《风雅十二诗谱》对中国古代音乐史的影响十分深远，被上海音乐学院列为必考题目，并且指出这一曲谱在《诗经》古谱中"流传最广，影响最大"。

4. 钱时

钱时（1174—1244），严州淳安县蜀阜（今威坪）人，南宋理学家、诗人、著名教育家。武肃王十三世孙，字子是，号融堂。钱时幼时即负盛名，大家都称他为神童，史载他"奇伟不群"。后来他拜慈溪大学士杨简为师，杨简逢人便大赞"严陵钱子是人品甚高"，于是收归门下，并书"融堂"二字相赠，所以世人称钱时为"融堂先生"。钱时得到了杨简的真传，也就成了陆九渊的再传弟子，成为"心学"正脉传人。南宋嘉定甲戌（1214）科状元、同为杨简弟子的袁甫上奏朝廷，迁建了师祖陆九渊创办的象山精舍，并改名为"象山书院"，聘钱时为主讲。钱时讲学，议论宏伟精辟，令人耳目一新，赢得了良好的口碑，一时名震东南。严州、绍兴等州府，都争相请钱时去各自的郡学讲学。钱时也曾短暂为官，不久就辞官回到故里，以著书讲学为业，直到去世。

钱时的弟子很多：其中吕人龙于景定三年中进士，仕官承务郎，有《凤山集》行世；他的侄儿钱竹间，咸淳九年中进士，仕忠翊郎，历武冈县令；弟子徐唐佐、徐梦高、钱瑞琮、钱庑等，相继考取进士；其他功成名就者不胜枚举。

因佩服钱时的人品才学，当时的右丞相乔行简亲题"融堂书院"匾额相赠，并向宋理宗推荐了钱时。南宋嘉熙元年（1237）二月，理宗召见"布衣"钱时，问他"修身为政养兵恤民之要"，钱时对答如流。理宗听后非常高兴，特赐他进士出身，授馆阁秘书校勘。后出佐浙东仓幕。不久，理宗爱其才，诏令严州守臣抄录先生著作，奉上御览。此也不失为一段佳话。

钱时一生著述颇丰，现存世的有《四书管见》13 卷。钱时虽出于象山学派，为学却以笃实著称，阐发义理，多平正简朴。在钱时看来，人之本性就是空，只有把自己完全置于"空"的状态，才能与天地万物契合；自然法则与道德原则一样，亦皆由我们的"本心"衍生而出，认识外界事物依靠"本心"，提高道德修养也依靠"本心"。钱时的学说直指本心，明心见性，闻者如醍醐灌顶，犹如禅宗的顿悟。钱时对陆氏心学的理解，在他的《新安州学讲义》中有独到的发挥，这也是南宋时期一篇经典的理学论著。

钱时一生特别崇尚严子陵，他不肯入仕为官，以精研理学为乐，其实质是追求淡泊人生、不事王侯的精神境界。严先生乃道学之高人，是严州人的精神偶像。这在他的《融堂论学》中有比较深刻的阐释。

钱时以"心学"为毕生所追求，取得了显著成绩，为后人所称道。黄宗羲认为象山后学，"严陵一支，自钱融堂为盛"，并称钱时为"豪杰之士"。此评是因钱时非常关心民间疾苦，在其《蜀阜存稿》中就有多首哀叹民生之艰的诗篇。如《山翁岭》：

> 岁云暮色雪塞门，白发山翁病且贫。
>
> 鹑衣百结皮冻裂，旦暮拨雪寻草根。
>
> 催租暴卒打门户，妻子惊恐翁怖惧。
>
> 尽道长官如母慈，如何赤子投饥虎！

诗中字字句句泣血带泪，贫病交加的老人，风雪中寻草根果腹，又遇上了凶残如虎的官差上门催租。这是钱时深切同情百姓的遭遇，替天下苍生鸣不平之作。可见钱时并非空谈心性义理的酸腐学究，而是要在社会实践中找回自己的本性，探求"人之为人"的终极意义，唤醒生命力量的学者。

钱时是严州理学史上特别值得一书的大家。在严州理学几百年的发展进程中，程朱理学始终占据统治地位。严州理学的天空中，"陆王心学"传人是凤毛麟角，少之又少；而钱时却走出故乡，去往浙东学派的大本营——慈溪求学，追随陆九渊的弟子杨简，花毕生精力，从事陆氏心学研究，并且取得了令人瞩目的成就，这实在称得上是个奇迹。钱时所取得的理学成就，也为严州的理学增添了新的内涵。

5. 方逢辰

方逢辰（1221—1291），原名梦魁，字君锡，号蛟峰，亦称蛟峰先生。淳安高坊人。他自幼随父学文习字，少时就读于石峡书院，是南宋严州理学大家和著名教育家。

淳祐十年（1250）庚戌科殿试，理宗见方逢辰陈述条理清晰，便钦点他为头名状元。惜才的理宗还当场将他的"梦魁"之名改为"逢辰"，此后，方逢辰之名驰誉海内。

方逢辰得中状元之后，初以补承事郎、金书平江军（今苏州）节度判官。南宋宝祐年间，历任秘书省正字、校书郎、著作佐郎。后因上疏条陈海州丧师丑闻，言辞激烈，引起轩然大波，致使宋理宗反感不悦，方逢辰遂称病辞官回归故里。

南宋理宗开庆元年（1259），方逢辰又被召回，授著作郎，不久又因言罢官。时国子监博士徐庚金聘他到婺州州学讲学，听他讲学的学子达数百人。景定二年（1261），方逢辰出任婺州知州，不久又被罢官。后又出任嘉兴知州，继而又改任瑞州（今江西高安）知州，不等届满又被罢官。咸淳元年（1265），宋度宗即位，召他回朝廷担任司封郎官兼直舍人院，不久，调任秘书少监、起居舍人。其后历任秘书阁修撰、江东提刑、江西转运副使、兵部侍郎、吏部侍郎等职。恭帝德祐年间（1275—1276），历官荆州、湖州、四川宣抚司参谋官，累官至户部尚书，后改礼、吏部尚书，但因贾似道等奸党专权，方逢辰拒不接受朝廷任命，回乡下游历，教书为业。

南宋覆灭后，元世祖忽必烈曾下诏起用他，被他严词拒绝。他说，如果接受元廷任职，那就是变节，是叛臣。他在《被召不赴》一诗中写道：

> 万里皇华遣使辀，姓名曾覆御前瓯。
>
> 燕台礼重金为屋，严濑风高玉作钩。
>
> 丹凤喜从天上落，白驹须向谷中求。
>
> 敲门不醒希夷睡，休怪山云着意留。

元至元二十八年（1291），71岁的前朝状元，抱着亡国之恨，终老在家乡淳安乡间。

方逢辰生于南宋末年，在奸臣当道的宦海生活中，他要独立于世，保持个人的情操和品格，因此一生颠沛流离，被贬官成为常态，但他始终保持一个士子的气节，刚正不阿，洁身自好，出淤泥而不染。正如他《石峡山茶盛开》一诗中所抒发的那样：

> 冰崖赤骨物俱老，火树生阳我不孤。
>
> 铁叶几经寒暑战，丹心不为雪霜枯。
>
> 托根峡里老居士，加号花中烈丈夫。
>
> 颜色不淫枝干古，洛阳牡药只为奴。

这是他当年在石峡书院读书时写的励志诗。他以山茶扎根岩石、迎霜傲雪、独自开放来比喻自己的志向。同他一起在石峡书院读书的好友黄蜕，比他早三年考中进士，而且取得榜眼的好名次。在黄蜕蟾宫折桂之后，方逢辰写了一副对联送给他："状元留后举，榜眼探前锋。"黄蜕也回赠了方逢辰一副对联："吾与状元留位置，先将榜眼破天荒。"表达了自己对方逢辰寄予的厚望。果然，三年后方逢辰金榜高中，取得了状元这一科举最高成就。

方逢辰在官场上际遇崎岖，屡遭贬谪，但他不以为意，始终保持自己独立的人格。无官可做时，他就去教书育人，阐述理学和微言大义。他先后到江南的和靖书院、婺州书堂、东阳义学、鄱阳书堂、东湖书院、宗濂书院讲学授徒，使南宋理学得以传承和发展。他留下的理学专著有《孝经解》《易外传》《尚书释传》《学庸注释》《格物入门》等。他的《中庸阐释》和《格物入门》的理学主张，对后世的明清理学都有极大的影响。

方逢辰一生著述颇丰，但是很多理学专著只留名称，绝大多数都已散佚，无可考据。明《（万历）严州府志》在理学一节中，特别把方逢辰列入理学家一栏。

南宋严州理学本土发展是星光灿烂，辉煌一时。除了上述五位，还有吕人龙、方逢振、何梦桂、胡子廉、方悫、黄蜕、方镕、胡朝颖、方一夔、魏新之、翁梦得、徐文风、郑时中等。这些先贤先哲，在严州理学乃至中国理学发展历史的进程中，都产生了巨大的影响和起到极大推进作用。我们应该很好地加以发掘，取其精华，去其糟粕，为中华文化在新时代的引领下走向更加光辉灿烂的明天而作出贡献。

七彩新安江 金炳仁/摄

严州　YANZHOU

宋韵　SONGYUN

第二章

缀玉联珠　豪放抒情

——宋代严州诗词

宋韵严州

　　钱塘江是贯穿于浙江北部东西走向的著名河流，其上游曰新安江，中游曰富春江，皆以绝美之山水而秀甲天下，这一带古称严陵之地。自南朝谢灵运、沈约、任昉以降，无数骚人墨客、名流贤达徜徉其间，惊叹于这人间仙境，留下了无数绚丽的诗篇。到了唐代晚期，更是产生了中国古代著名的诗歌群体"睦州诗派"，得到宋末元初义士谢翱的赞许："惟新定自元和至咸通间以诗名凡十人，视他郡为最。"其中施肩吾、徐凝、方干、李频、皇甫湜、皇甫松、章八元、章碣、翁洮、崔涂等睦州籍诗人，在唐诗史上均有一定的地位，是晚唐诗歌创作的重要力量。

　　而赵宋之世，受到唐代"睦州诗派"的影响，以及占有天下独绝的锦绣山川，赓续了晚唐诗歌的创作氛围，吸引了无数骚人墨客在此留下无数诗篇，形成了"新安江—富春江"山水诗词的文化宝库，成为这条美丽江河上的璀璨明珠。

一、绚丽的山水画卷

新安江发源于安徽省休宁县六股尖，东入浙江西部，经淳安、建德，与兰江汇合后为富春江段，是钱塘江的正源，干流长七百余里。新安江—富春江两岸，自古以来就以"锦峰绣岭、山水之乡"著称，沿江一带山川毓秀、风光旖旎，显示出独特而绚丽的江南胜境。"湖经洞庭阔，江入新安清"（孟浩然）、"深潭与浅滩，万转出新安"（权德舆）、"有家皆掩映，无处不潺湲"（杜牧）、"江阔桐庐岸，山深建德城"（厉翼），这些唐代诗人的击节赞叹，无不显示这里的山山水水对他们心灵的撞击；而他们的如椽大笔，更是将严陵山水，启引了宋代诗人的无尽遐思。

新安江—富春江纵贯严州大地，致使严州以风光绝胜独领诸郡。宋代严州知州董弅在《（绍兴）严州图经》序中也说："唯严为州，山水清绝，有高贤之遐躅……"文人墨客经过这里，自然会情不自禁地留下描写严州无与伦比的风光诗篇。在他们的笔下，有险滩急流，有丛林群壑，有玉境白帆，有崇楼高阁，有山花溪鸟，有烟津孤棹，浓墨重彩、尺幅兴波，形成了令人惊叹的山水画图。

新安江向以滩险流急而闻名，有"三百六十滩，新安在天上"之叹，这也成为诗人们经常吟咏的主题，如：

> 滩声送我入严州，过得州来水漫流。
> 一夜好风潮信早，满船明月荻花秋。
>
> （曾几《舟中》）

> 急滩上水船，进寸辄退尺。老夫敢稳坐，解衣起佐刺。
> 凡我同舟人，有力俱不惜。已济各相贺，可以正枕席。

反观顺流人，如电亦如射。艰难与快意，等是时行役。
月落东方明，云收远山碧。翩然两白鹭，过眼已无迹。
天地正尔宽，何苦自跼蹐。脱带且腰舟，歇我履一只。

（朱翌《晓上乌石滩》）

急浪吹飞雪，鸣篙破晓滩。异乡人易老，行路古来难。
玉露晨初湿，天河夜不干。飘流双鬓白，未有一枝安。

（郑克己《过大浪滩》）

而范成大和杨万里，是宋代诗坛巨擘，他们以平白通俗的行文语调，夸张流转的艺术手法，生动地展现了江滩的险绝：

清溪可怖亦可喜，造化于人真虐戏。
轰雷卷雪鬓成丝，一掷平生来此试。
险绝无双是乳滩，舟如滚石下高山。
画楼正倚黄昏雨，岂识江间行路难。

（范成大《乳滩二首》）

人语相闻数尺间，其如滩恶费人牵。
已从滩下过滩上，却立前船待后船。

（杨万里《上严州乌石滩》）

万石中通一线流，千盘百折过孤舟。
滩头未下人犹笑，下了滩头始觉愁。

（杨万里《过石塘》）

滩声十里响千礐，跃雪跳霜入眼奇。

记得年时上滩苦，如今也有下滩时。

小郎滩下大郎滩，伯仲分司水府关。

谁为行媒教作赘，大姑山与小姑山。

（杨万里《过乌石大小二浪滩俗呼浪为郎因戏作竹枝歌二首》）

新安江—富春江以其特有之灵气，造就了两岸独特的江南景致，乱山、彩林、白墙、黑瓦、异花、灵鸟、湖光、兰棹，是他们笔下常用的素材：

西楼吟倚若为情，情似浮云处处生。

翠叠乱山千里阔，红翻晴叶一川明。

散分野色渔村小，斜衬秋光雁阵横。

回望帝乡归未得，芦花如雪绕江城。

（田锡《倚楼》）

天晚雨初霁，隔溪闻礁春。山僧归夜月，幽鸟落长松。

风静砧声急，花欹露气重。良宵思沅芷，尊酒话从容。

（吴涟《青溪晚霁》）

龙盘山影倒寒流，十里屏风翠入楼。

画笔肯归涵碧手，湖光疑对涌金秋。

主翁爱客排三雅，渔父忘机任直钩。

为访红云绕花岛，满船歌舞按梁州。

（葛闳《新定望湖楼》）

　　景祐元年（1034）正月，范仲淹被贬为睦州知州。三月，携家眷至睦州。范仲淹不仅是卓越的思想家、政治家、军事家，也是杰出的文学家，他的诗文在中国古代文学史上占有十分重要的地位，其《岳阳楼记》就是一篇震古烁今的伟大作品，包含了深邃的为国为民的"先忧后乐"思想，以及高超的艺术表现力。他在任职睦州期间，写下了与《岳阳楼记》一样闻名的《桐庐郡严先生祠堂记》。

　　范仲淹在睦州不过半年光景，但睦州浓厚的人文景观和绝美的山水胜境，促使他写下了无数赞美睦州的优秀诗篇，他的《潇洒桐庐郡十绝》就是一组脍炙人口的作品：

　　　　潇洒桐庐郡，乌龙山霭中。使君无一事，心共白云空。

　　　　潇洒桐庐郡，开轩即解颜。劳生一何幸，日日面青山。

　　　　潇洒桐庐郡，全家长道情。不闻歌舞事，绕舍石泉声。

　　　　潇洒桐庐郡，公余午睡浓。人生安乐处，谁复问千钟。

　　　　潇洒桐庐郡，家家竹隐泉。令人思杜牧，无处不潺湲。

　　　　潇洒桐庐郡，春山半是茶。新雷还好事，惊起雨前芽。

　　　　潇洒桐庐郡，千家起画楼。相呼采莲去，笑上木兰舟。

　　　　潇洒桐庐郡，清潭百丈余。钓翁应有道，所得是嘉鱼。

　　　　潇洒桐庐郡，身闲性亦灵。降真香一炷，欲羡悟黄庭。

　　　　潇洒桐庐郡，严陵旧钓台。江山如不胜，光武肯教来。

　　这组诗，反映了睦州独特的"潇洒"风光，特有的风俗风物，以及面对青山甘愿安乐此地的意绪，更有对严子陵隐逸高风的赞美，成为宋代严州诗文中的圭臬。

　　睦州州治于唐万岁通天二年（697）自淳安迁往建德，至宋初已近三百年，作为睦州的政治文化中心，它有十分丰厚的历史文化，也是新安江—富春江上最为繁华的城市。睦州通判张伯玉有诗道：

千家楼阁丽朝晖，人到于今说钓矶。

雨后数峰骄欲斗，春来两港活如飞。

高吟多谢沈家令，中酒长怜杜紫微。

更爱严城无锁处，白云摇漾去还归。

在漫长的历史长河中，凭借江南秀美之地和深广的人文景观，睦州州城的城市面貌成为一种独特的自然风景，也成为诗人们恣意描摹和借物抒怀的绝好素材。嘉祐年间郡守赵抃的一组郡城风光诗，即予人一种赏心悦目的感受：

滂葩浩艳满亭隈，当席芳樽醉看来。

始信春恩不私物，乱山穷处亦花开。

（《赏春亭》）

上石披松十步劳，下窥人物见秋毫。

嗟谁更向孤峰顶，树塔孤撑碧落高。

（《高峰塔》）

潺潺朝暮入神清，落涧通池绕郡厅。

乱石长松山十里，寻源须上玉泉亭。

（《玉泉亭》）

泉石淙淙泻百寻，群峰环翠起春林。

危巅召雨云先作，不失苍生望岁心。

（《乌龙山》）

栏干十二压仙瀛，占得龙峰作画屏。

林映远笼千里月，湖光寒照一天星。

望来瀑布真霜练，飞过沙禽半雪翎。

人赏不知春已老，隔桥依旧柳青青。

（《题甘棠楼》）

无独有偶。北宋末知州吕希纯，亦有睦州州城组诗。他于绍圣元年
（1094）知睦州，任职时间不长，却有感于州城的人文景观，写下了与
赵抃类似的组诗：

古郡千山里，高台六月凉。开轩背城市，伏槛即林塘。

白佛当平远，乌龙插昊苍。水风生枕簟，岚翠扑衣裳。

欲雨高峰暗，新晴瀑布长。稻塍分锦绣，松岭奏笙簧。

自昔多贤守，于今载雅章。承流叨继踵，主诺粗提纲。

凤乐阿兰若，端居最上方。南津有禅侣，默坐正相望。

（《千峰榭》）

予临潇洒郡，终日坐楼中。

楼上辟四门，门开面面风。

南荣看马目，北槛对乌龙。

夕暝瞰兜率，朝霞望高峰。

峰峦一相望，紫翠千万重。

中宵若笙簧，天籁起长松。

直疑列仙侣，驾鹤相过从。

（《紫翠楼》）

遗直兼遗爱，居今见古人。殿中收白简，江上拥朱轮。

栋宇才函丈，琴尊喜对宾。绕亭佳水在，长与物为春。

（《赵清献赏春亭》）

秀岭奇峰接钓台，乌龙直北更崔嵬。

万松合处虚亭敞，千佛光中梵宇开。

林外瀑泉飞朔雪，云间宝藏转春雷。

攀藤更入西庵路，一听支郎语劫灰。

（《乌龙寺》）

范公当日守江滨，本是西清献纳臣。

潇洒溪山潇洒郡，太平天子太平民。

棠郊遗爱今仍在，竹榭高吟迹已陈。

还忆开元宋开府，相望仿佛见精神。

（《承天思范轩》）

尊宿芳名盛，庵岩迹未颓。织蒲随日用，儋版唤人回。

临济亲推出，云门手托开。于今两禅派，俱自睦州来。

（《陈尊宿庵》）

昔闻僧道开，清净本求佛。谈经悟教藏，施药蠲众疾。

临嶂起重阁，最上构禅室。灵香邈可继，壮丽固已轶。

桐庐潇洒郡，兹阁更奇崛。峰峦互掩映，松竹富蒙密。

我来一伏槛，紫翠竞森出。尘襟与羁愤，中坐忽已失。

清风来甚远，冲气久弥逸。东轩视蟠桃，仙路如仿佛。

（《灵香阁》）

郡因贤守得佳名，水态山光会此亭。

云外僧归穿竹坞，日边鸥下集沙汀。

浮梁倒影横雌霓，宝塔张灯叠万星。

不独班春行田野，重缘香火叩禅扃。

（《潇洒亭》）

瀑布岩东转画旗，拂云穿石上霏微。

抱溪修竹通千个，夹道乔松过十围。

帘外一潭泓翠碧，窗间万斛溅珠玑。

使君不用笙歌拥，漱玉声中岸帻归。

（《玉泉庵》）

在历史上，不光是赵、吕二人，尚有许多守官写过反映州城人文景物的诗篇。这些诗篇，不仅仅是景物诗，更是州城发展的历史记录，对后人了解当时州城的真实风貌，以及诗人们对睦（严）州的深切情怀提供了最原始、最真实的文字依据。

富春江上　胡建文/摄

二、独特的乡村影像

严州之域的先民属百越中的於越一族。於越在秦时从吴地分徙至黟、歙等地，千百年来与汉族不断交融，并逐渐被同化。但此地先民粗犷、朴实的遗风，在当地百姓的身上保存了下来，他们虽能安贫乐道却向往自由。《（淳熙）严州图经》上说："以今观之，州境山谷居多，地狭且瘠，民贫而啬，谷食不足，仰给他州。惟蚕桑割漆，以要商贾懋迁之利。大抵安于简易之政，犹之则生事。"所以，严州之域，凭其特殊的山区地理位置，以及种族源流的历史原因，造就了独特的山民之性，形成了中国最基本的山村风貌。

从所留传的大量宋代严州诗词看，描写严州山村风貌的作品比比皆是，且大多脍炙人口。俗话说："十里不同风，百里不同俗。"不同的自然环境、特产禀赋，造就了不同的民风民俗。诗人们以平白通俗的语言、勾勒白描的手法，描写了严州山村的各种景象和风俗，勾勒出一幅浅近生动的山村画卷。

著名诗人梅尧臣写道：

> 青山峡里桐庐郡，七里滩头太守船。
>
> 云雾未开藏宿鸟，坡原将近见烧田。
>
> 养茶摘蕊新春后，种橘收包小雪前。
>
> 民事萧条官政简，家书时问雪溪边。
>
> （《送余少卿知睦州》）

睦州通判张伯玉亦有诗道：

> 闻道银符渡睦溪，桐山应为长清晖。
>
> 渔翁几十迎舟拜，沙鸟成双夹旆飞。
>
> 检点簿书茶贡蚤，体量风物橘奴肥。
>
> 题舆自愧来何晚，未得云中瞩使威。
>
> （《寄新定苏七太守》）

可知种茶、种橘是睦州常见的农事。

建德进士葛闳有《题玉泉》诗：

> 灵源曾记古篇章，飞入霜筠万丈长。
>
> 六月林风吹宝瑟，九秋山翠坼银潢。
>
> 试茶石鼎云含液，酿酒兵厨菊有香。
>
> 到此欲知真玉性，不为圆折本来方。

诗中自注："新定茶品殊佳，酒香如菊，岁造多出玉泉，因而命名云。"

像此类严州茶诗，宋代诗人在诗中多有描述，说明茶是严州当地的主要特产，淳安鸠坑茶在宋代已是朝廷贡品，有很高的知名度。

武状元华岳亦有很高的文学才气，途经寿昌时写有《寿昌道中》，诗中展现了独特的山村景象：

> 山断疑无路，林开觉有村。饥牛恋茅垄，吠犬护柴门。
>
> 闷去诗千首，愁来酒一尊。明朝南去路，怀抱与谁论。

诗人赵蕃亦有《建德道间》，描写了生动的建德山村风貌：

> 妇并蚕筐候蚕浴，儿眠牛背趁牛行。
>
> 要知比屋俱无事，看取人家尽乐生。
>
> 麦畦就熟黄云委，秧垄初齐绿浪生。
>
> 快活收声闻布谷，可怜鸟语近人情。

杨万里是南宋杰出诗人，为"中兴四大家"之一，他的诗被称为"诚斋体"，语言清新平白、生动有趣。他在严州留下了不少的诗篇，内容大多为严州山村风物习俗，让读者了解了诸多乡村面貌。如：

> 石桥两畔好人烟，匹似诸村别一川。
>
> 杨柳阴中新酒店，葡萄架底小渔船。
>
> 红红白白花临水，碧碧黄黄麦际天。
>
> 政尔清和还在道，为谁辛苦不归田。

（《过杨村》）

沙步未多远，里名还异原。对江穿野店，各路入深村。

秋水乘新汲，春芽煮不浑。舟中争上岸，竹里有清樽。

（《晨炊杨村》）

入到严州不识田，一江两岸万青山。

乌祈酒味君休问，费尽江波卖尽钱。

毛永乌祈山两崖，家家酒肆向江开。

也知第一葡萄色，只问米从何处来。

（《乌祈酒二首》）

穹崖绝嶂入云天，乌鹊才飞半壁间。

远渚长汀草如积，牛羊须上最高山。

田亩浑无寸尺强，真成水国更山乡。

夹江黄去堤堤粟，一望青来谷谷桑。

绝怜山庵两三家，不种香粳只种麻。

耕遍沿堤锄遍岭，都来能得几生涯。

东沿西溯浙江津，去去来来暮复晨。

上岸牵樯推稚子，隔船招手认乡人。

昨日下滩风打头，羡他上水似轻鸥。

朝来上水帆都卸，真个轻鸥也自愁。

绝壁临江千尺余，上头一径过肩舆。

舟人仰看胆俱破，为问行人知得无。

（《过白沙竹枝歌六首》）

陆游是南宋伟大的爱国主义诗人，淳熙十三年（1186）权知严州军州事。在任职的两年多时间里，陆游十分重视农业生产，他曾召集乡村父老，向他们宣传重视农业生产的重要意义，并要求他们告诉子孙，要抓紧季节进行深耕细作，取得好收成，以备歉岁时粮食不足。他在严州的两年，写了两篇《劝农文》，在《丁未严州劝农文》中写道："盖闻农为四民之本，食居八政之先，丰歉无常，当有储蓄……今兹土膏方动，东作维时，汝其语子若孙，无事末作，无好终讼，深畎广粰，力耕疾耘，安丰年而忧歉岁。"在《戊申严州劝农文》中认为："所冀追胥弗扰，垦辟以时，春耕夏耘，仰事俯育。服劳南亩，各终庥荫之功；无犯有司，共乐舒长之日。"粮食丰收了，农民就能丰衣足食，农村诸如盗窃、斗殴、争执、诉讼之类的事也就少了，这正是因收获贫瘠而导致民风彪悍的严州之地所最需要的。他的这种对农民农事的关心，都反映在他的诗歌里。他的这类诗歌隽永生动，带给人的是扑面而来的乡土气息。如：

> 九月吴中尚夹衣，江郊策马踏斜晖。
> 荞花漫漫连山路，豆荚离离映版扉。
> 苍兔避鹰投涧去，黄鹤脱网傍人飞。
> 农家光景关心事，不为无才也合归。
>
> （《九月初郊行》）

> 细篾络丹柿，枯篱悬碧花。炊烟生旅灶，野水漱寒沙。
> 栖鸟争投树，归牛自识家。恍然游蜀路，搔首忆天涯。
>
> （《过村店有感》）

> 城南城北如铺雪，原野家家种荞麦。
> 霜晴收敛少在家，饼饵今冬不忧窄。

胡麻压油油更香，油新饼美争先尝。

猎归炽火燎雉兔，相呼置酒喜欲狂。

陌上行歌忘恶岁，小妇红妆穗簪鬓。

诏书宽大与天通，逐熟淮南几误计。

（《荞麦初熟刈者满野喜而有作》）

苦寒勿怨天雨雪，雪来遗我明年麦。

三月翠浪舞东风，四月黄云暗南陌。

坐看比屋腾欢声，已觉有司宽吏责。

腰镰丁壮倾闾里，拾穗儿童动千百。

玉尘出磨飞屋梁，银丝入釜须宽汤。

寒醅发剂炊饼裂，新麻压油寒具香。

大妇下机废晨织，小姑佐庖忘晚妆。

老翁饱食笑扪腹，林下击壤歌时康。

（《屡雪二麦可望喜而作歌》）

东风吹雨溪上来，北山出云以应之。

严州城中三日雨，朝暮点滴无休时。

向来秧底干欲裂，白水漫漫俄盈陂。

豚肩覆豆巫醉饱，龙骨挂壁农遨嬉。

今年蚕麦收数倍，茧大如瓮麦两岐。

西成在眼又如此，还乡鼓腹歌淳熙。

（《夏雨》）

在陆游的《剑南诗稿》中，他的乡村世界是江南农村的缩影，而他的严州乡村诗篇，更是江南农村的生动体现。荞麦、豆荚、丹柿、胡麻、桑蚕等是此地常见的农作物；亦可见撒鹰逐兔、设网捕鹑的乡猎场景；冬日里以寒醅发剂、新麻压油，来制作当地特有的土产；男耕妇织、儿童拾穗，以及饱食扪腹、击壤歌康，向读者展现了乡村稼穑丰收、农民喜庆的生动画面。

三、钓台吟咏与子陵高风

方逢辰在《（景定）严州续志》序中说："严之所以为望郡而得名者，不以田，不以赋，不以户口，而独以'云山苍苍，江水泱泱'，有子陵之风在也。"可以说，严子陵是严州的标志性人物。洪迈在《容斋随笔》中亦云："严州本名睦州，宣和中以方寇之故改焉。虽以威严为义，然实取严陵滩之意也。"可知严州的命名，普遍的说法也是因为本地有严子陵的存在。

严子陵（前37—43），名光，字子陵，本姓庄，为避汉明帝刘庄之讳改姓严，出生于今余姚陶婆岭西的严公山。

严子陵年少在外地游学时与南阳刘秀是要好的同窗。后来，刘秀扫平群雄，中兴汉室，定都于洛阳，此即声名烜赫的东汉光武帝。严子陵觉得当皇帝的只可共患难，不可同富贵，于是改名换姓，隐居不见。光武帝深知严子陵才高识广，是个栋梁之材，就命人画了他的肖像，到处寻访他的踪迹。后来据齐地人报称，有一男子身披羊裘，经常在大泽中垂钓。光武帝料想这个垂钓之人定是严子陵，即命人准备车辆，携带礼物去聘召他，但几次均遭到拒绝。最后只好强行拥他上车，将他接到洛阳。

当时朝廷的大司徒侯霸是严子陵的故交，派人带着亲笔信去问候。使者对严子陵说：司徒听说先生来京，本想马上前来拜访，无奈公务繁忙，只好待傍晚稍闲时再来问候。严子陵却不予理睬这些，并口授回复："君房（注：侯霸字）足下，位至鼎足，甚善。怀仁辅义天下悦，阿谀顺旨要领绝。"恳切地表达了对故交的忠告。侯霸将严子陵的回复对光武帝说了，光武帝大笑：这个狂人的脾性一点也没改！后来，光武帝复召严子陵，一连几天与他相谈故交旧事，并共卧一榻。相传同眠时严子陵以足加光武帝腹上，次日太史官奏："客星犯御座，甚急。"光武帝笑着说，这是我与老朋友同眠呵。

后来，光武帝提出要任命严子陵为谏议大夫，严子陵坚辞不就。离京后，他来到风景秀丽的富春山七里滩隐居，在那里种田读书，闲时到江边钓鱼。东汉建武十七年（41），光武帝又一次请他出山，并与书曰："古大有为之君，必有不召之臣，朕何敢臣子陵哉。惟此鸿业若涉春冰，避之疮痏须杖而行。若绮里不少高皇，奈何子陵少朕也。箕山颍水之风，非朕所敢望。"严子陵终不就，后归故里，年八十而终。严子陵不追慕

严子陵钓台　胡建文／摄

富贵、不贪图名利、不畏惧权势的高风亮节，一直成为后人，尤其是封建士大夫们尊奉的品格典范。

严子陵钓台位于今桐庐县城西南十三公里的富春山麓濒江处，此地锦峰绣岭，碧水萦回，乃富春江山川最秀美之处。钓台分东、西两台，高约百米，并列江湄，岩壑峭拔，天然绝胜。因为有如此毓秀的山川，与严子陵的高风亮节相辉映，自然引得无数骚人墨客徜徉其间，赋咏陶情，高吟明志。据不完全统计，从南北朝至清朝，就有一千多名诗人、文学家流连此地，并留下了两千多首歌咏钓台或严子陵的诗文。有宋一代，更是有田锡、范仲淹、梅尧臣、蔡襄、朱熹等著名诗人，高度颂扬了严子陵不慕富贵、高风亮节的品质。如：

> 闲读铭词扫绿苔，溪边永日自徘徊。
>
> 白云遗迹今亲到，青史高名不可陪。
>
> 千古烟霞为己有，一竿风月避谁来。
>
> 松巅老鹤应相识，时唳和风下钓台。
>
> （田锡《钓台怀古》）

> 汉包六合罔英豪，一个冥鸿惜羽毛。
>
> 世祖功臣三十六，云台争似钓台高。
>
> （范仲淹《钓台》）

> 不顾万乘主，不屈千户侯。
>
> 手澄百金鱼，身被一羊裘。
>
> 借问此何耳，心远忘九州。
>
> 青山束寒滩，溅浪惊素鸥。

以之为朋亲，安慕乘华辀。

老氏轻璧马，庄生恶牺牛。

终为蕴石玉，夐古辉岩陬。

（梅尧臣《咏严子陵》）

遵此巢由志，谁希公相权。人瞻祠树古，天作钓坛圆。

高节千秋外，遗踪一水边。孤风敦薄俗，岂是爱林泉。

（蔡襄《题严先生祠堂》）

不见严夫子，寂寞富春山。

空余千丈危石，高插暮云端。

想象羊裘披了，一笑两忘身世，来把钓鱼竿。

不似林间翮，飞倦始知还。

中兴主，功业就，鬓毛斑。

驰驱一世豪杰，相与济时艰。

独委狂奴心事，不美痴儿鼎足，放去任疏顽。

爽气动心斗，千古照林峦。

（朱熹《水调歌头》）

还有一些咏严子陵诗，并不像以上所引那般直接颂扬严子陵之高风，而是运用特殊的表现手法，赞子陵之品高，惭自身之渺小，诗意效果突出，启人以绝妙之叹。如李清照《钓台》：

巨舰只缘因利往，扁舟亦是为名来。

往来有愧先生德，特地通宵过钓台。

李昂英《过严子陵钓台》：

> 船重只因将利去，船轻又恐为名来。
> 如今羞见先生面，夜半撑船过钓台。

胡仲参《陵上》：

> 身为功名役，因思隐者贤。
> 只行山后路，羞过钓台前。

王同祖《严陵舟中》：

> 万水千山霁色新，临风一苇捷于神。
> 羊裘滩下休停棹，闻说狂奴解笑人。

在诸多咏严子陵诗中，尚存另一种声音，即子陵未必如后人所想象的那样孤标高绝，追求特立独行的风范，也不像史书中所写的"狂奴"，而是虽身在台岩，心仍系朝廷。如：

> 君王取天下，有人将甲兵。君王得天下，有人相升平。
> 我欲介其间，区区安取成。莫若归养高，高卧嵩之扃。
> 直使万乘意，慕仰非鸿冥。身虽隐渔钓，心岂忘朝廷。
> 常虑天下定，君王志骄盈。群臣习见闻，力谏不尔听。
> 不有不臣者，不足回其清。商山四老人，用是定西京。
> 潜希绝世躅，万一助皇明。年当建武日，上下咸清宁。

所怀忆不陈，终焉为客星。如何逸民传，乃有狂奴名。

（吴可几《钓台》）

光武初从血战回，故人长短尚论才。

中宵若起唐虞兴，未必先生恋钓台。

（徐大正《题钓台》）

十载从军去又来，强为颜面走尘埃。

久惭簪笏未归去，且喜妻孥共此来。

旋撷岸蔬供野饭，欲题岩壁拂苍苔。

子陵昔日诚高趣，未必全家上钓台。

（张伯玉《舟次子陵钓台》）

归隐桐江知几春，静看浮世一沤轻。

此心有处元无着，误说持竿作钓名。

（胡安国《严陵钓台》）

山林朝市两尘埃，邂逅人生有往来。

各向此心安处住，钓台无意压云台。

（范成大《钓台》）

四、陆游的严州爱国诗歌

中国古代伟大的爱国主义诗人陆游（1125—1210），于南宋淳熙十三年（1186）七月来到严州，任严州守臣。当时的陆游诗名已十分煊赫，加上孝宗皇帝对他一度很是器重，可以算是朝中的重要人物，这对严州来说，是一件十分值得庆幸的事，至少可以像范仲淹知睦州一样，使此地再次因名流贤达而得以光耀。事实也是如此。

在赴任之前，陆游曾来到延和殿等待孝宗召见，并向他辞行。对于这次召见，陆游与孝宗对话的具体内容，史料记载不多。但在陆游陛辞时，孝宗倒是对他说过这么一句意味深长的话："严陵，山水胜处，职事之暇，可以赋咏自适。"（《宋史·陆游传》）所以，陆游在上任之后的《严州到任谢表》中颇有些受宠若惊地说："亲降玉音，俯怜雪鬓。劳其久别，盖宠嘉近侍之所宜；勉以属文，实临遣守臣之未有。"所以，陆游的知严州，从孝宗对他的寄语来看，颇有些在睦州做过推官的柳三变"奉旨填词"的味道。

正像孝宗对他的寄语一样，陆游在繁忙的公务之余，创作了大量的诗歌，其中大部分是表达抗击外敌、收复故土的爱国主义作品。作为一位伟大的爱国主义诗人，陆游的爱国思想贯穿于他各个时期的创作中，成为其诗歌创作的主旋律，在严州仍是如此，甚至可以说严州时期是他爱国主义诗歌创作的又一高潮。陆游老年时在一首写给儿子的诗中说道："我初学诗日，但欲工藻绘。中年始少悟，渐若窥弘大……汝果欲学诗，工夫在诗外。"（《示子遹》）对陆游来说，他的"诗外工夫"自然是在为国家的兴亡而不懈追求中。在南郑（今陕西汉中）前线的一段时间，是他报效国家的最好时期，也是"诗外工夫"体验得最深刻的时候。所以，南郑时期成为他诗歌创作的第一次高潮。但他在南郑所作的大部分诗，于离开南郑时就遗失掉了。二十年后，陆游写了一首《九月一日夜读诗稿有感走笔作歌》，对南郑时期的诗歌创作有一次详细的表述，并表现了诗人极为自负的一面（"天机云锦用在我，剪裁妙处非刀尺……广陵散绝还堪惜"）。可惜我们未能看到南郑诗的本来面目，正因如此，陆游的严州诗就越发值得我们重视。他的权知严州，是一生中最后一次做地方官，是他最后一次对"诗外工夫"的直接体验，其自南郑以来在成都、嘉州、建安、抚州为官的经历与思想，在知严州期间又得到一次很好的总结提炼。由此，他在此之前种种人生经历中所萌生的感受，甚至是思想最深层的东西，悉数在严州诗的创作中得到喷发，得到升华。据统计，在近300首严州诗中，那些饱含诗人浓烈的爱国思想的作品，有近百首之多，此类诗歌的数量在此前是少见的。由此来看，如果说陆游的南郑诗可算作他一生爱国主义诗歌创作的第一次高潮的话，那么，他的严州诗完全可以算作此类诗歌创作的第二次高潮。

在严州任上，他的《五鼓》写道：

楼堞鼕鼕鼓，帘栊煜煜灯。浪名随牒吏，实似打包僧。

衰病元难强，疏慵每自憎。谁知戍边日，秋野正呼鹰。

他觉得处理烦琐的公务不是他该做的，以致衰病疏慵而自憎，每听到城头的鼓声，想到的一定是秋野呼鹰的沙场。

《秋怀》中道：

少时本愿守坟墓，读书射猎毕此生。

断蓬遇风不自觉，偶入戎幕从西征。

朝看十万阅武罢，暮驰三百巡边行。

马蹄度陇电声急，士甲照日波光明。

兴怀徒寄广武叹，薄福不挂云台名。

颔须白尽愈落寞，始读法律亲笞榜。

讼诉满庭闹如市，吏牍围坐高于城。

未嫌樵唱作野哭，最怕甜酒倾稀饧。

平生养气颇自许，虽老尚可吞司并。

何时拥马横戈去，聊为君王护北平。

诗中言及昔时投笔从戎，在战场阅兵巡边。而今为官一方，诉讼满庭、吏牍累累，以及不习惯的异地生活，真不如跃马横戈，报效朝廷。

《燕堂春夜》有道：

南楼纮纮下疏更，一点纱笼满院明。

映月疏梅入帘影，读书稚子隔窗声。

呻吟药里身宁久？汛扫胡尘意未平。

草檄北征今二纪，山城仍是老书生。

诗后有自注："游尝为丞相陈鲁公、史魏公、枢相张魏公草中原及西夏书檄于都堂。"燕堂的春夜是美好的，楼鼓疏更、纱笼月明、梅影入帘、稚子课书，但病中之身常常想起未能扫除胡虏而心意不平，常常想起二十多年前为北征而起草文书。

更有《夜登千峰榭》：

夷甫诸人骨作尘，至今黄屋尚东巡。

度兵大岘非无策，收泪新亭要有人。

薄酿不浇胸垒块，壮图空负胆轮囷。

危楼插斗山衔月，徙倚长歌一怆神！

此诗痛斥了清谈误国之人，心忧朝廷的不安定，指出收复故土并非无策，只是没有国之栋梁。哀叹空有壮怀而无力报效国家，只能写写诗来表达心中的怆恸。全诗饱含悲愤和无奈之情，读之令人动容感喟。

陆游在严州任上，像此类表达心怀家国而空有抱负之情的诗篇，还有很多，如：

> 鼓坎坎，角呜呜，四鼓欲尽五鼓初，
>
> 老眼不寐如鳏鱼，抚枕起坐涕泗濡。
>
> 平生空读万卷书，白首不识承明庐。
>
> 时多通材臣腐儒，妄怀孤忠策则疏。
>
> 欲剖丹心奏公车，论罪万死尚有余。
>
> 雷霆愿复宽须臾，许臣指陈舆地图。
>
> 亿万遗民望来苏，艺祖有命行天诛，皇明如日讵敢诬。
>
> 拜手乞赐丈二殳，中原烟尘一扫除，龙舟溯汴还东都。
>
> （《闻鼓角感怀》）

> 铁骑森森帕首红，角声旗影夕阳中。
>
> 虽惭江左繁雄郡，且看人间矍铄翁。
>
> 清渭十年真昨梦，玉关万里又秋风。
>
> 凭鞍撩动功名意，未恨猿惊蕙帐空。
>
> （《严州大阅》）

> 东园日淡云容薄，纶巾朝暮阑干角。
>
> 北风动地万木号，不料一寒如此恶。
>
> 岂惟半夜雨打窗，便恐明朝雪平壑。
>
> 绿酒虽漓亦复醉，皂貂已弊犹堪著。

所嗟此身老益穷，蹭蹬无功上麟阁。

久从渔艇寄江湖，坐看胡尘暗幽朔。

万鞭枯骼愤未平，纛下老酋何足缚。

要及今年堕指寒，夜拥雕戈度穷漠。

（《初冬风雨骤寒作短歌》）

睡魔困衰翁，白日坐兀兀；忽然振衣起，目了尚如鹘。

凭高望中原，佳气未消歇，逆贼稽大刑，痛愤深至骨。

新霜下昌陵，草有胡马龁，羽林百万士，何日闻北伐？

贱臣官有守，不敢叫行阙。梦中涉黄河，太行高崒屼。

天河未洗兵，封豕食上国，坐令河洛间，百郡暗荆棘。

夷吾非王佐，尚足救左衽。中原消息断，吾辈何安寝？

世俗苦龌龊，谁与共此功；安知无奇士，悲歌燕市中！

（《燕堂独坐意象殊愤愤起登子城作此诗》）

陆游在严州所作的爱国诗歌，令人情感激越、血脉偾张，有很高的艺术感染力，不论在宋代严州诗的宝库中还是在中华诗歌史上，都有极高的思想和文学价值。

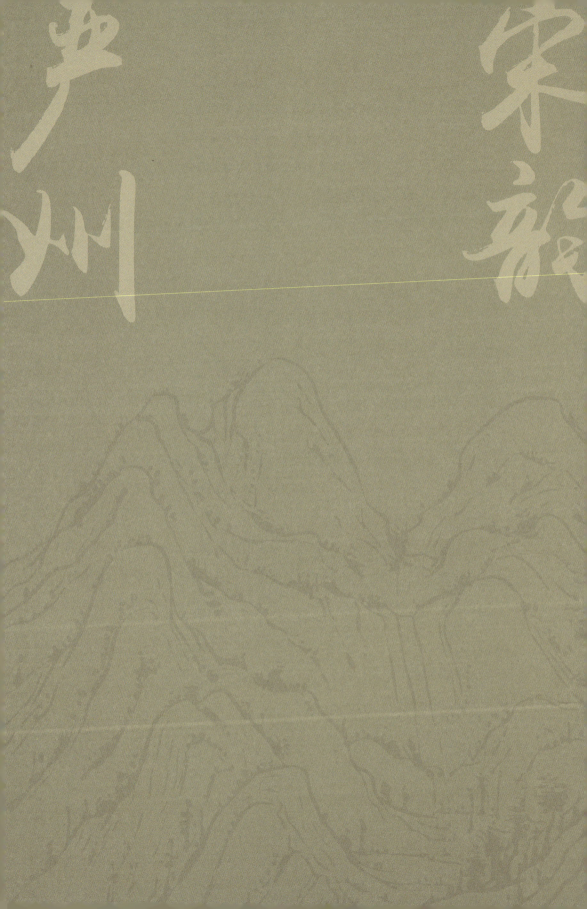

第三章

手泽之遗　风雅流芳

——宋代严州书画

宋韵严州

严州山水，自古以奇绝著称，如诗如画，令历代文人墨客流连忘返，创作出不计其数的书画精品。这些作品形式多样，风格各异，在中国书画史上产生了重要的影响，从而进一步让严州的山水闻名遐迩。可以说，书画家们长期陶冶在这样独特地貌的自然环境里，对严州地区文化的形成，有着必然的影响。

这其中，对于严州的文化熏染和影响，则以宋代最为显著与深刻，诸如范仲淹、张方平、蔡襄、赵抃、章惇、朱熹、张栻、吕祖谦、陆游、范成大、张即之等，他们即使放在中国历史上，都是一流的文人士大夫，他们或任职、或游历，先后在此留下过翰墨瑰宝。虽然，这些作品命运多舛，至今遗存不及万一，令人惋叹不已。面对那些硕果仅存——刻有严州印记的书画作品，一时间，昔日沉寂的山水风物，仿佛都变得鲜活起来，即使历经数百年的风霜，依旧流淌着风雅余韵，为后人所铭记。

一、陆游《桐江帖》和《严州简子》

作为文学家，陆游的成就和影响显而易见。除了文学，贯穿他一生的爱好，可能就是书法了。所不同的是，陆游的诗名太盛，千百年来，广为世人所熟知，但知晓其擅长书法并被誉为南宋书坛中兴四大家之首，至今知道的人则少之又少了。

在南宋士大夫的眼中，陆游的书法造诣炉火纯青。同样，陆游对其书法也自视甚高，常常在诗作中表达对自己书法足以传世的自信。陆游擅长楷、行、草诸体。他自称书学张旭、颜真卿、杨凝式三家。但从传世墨迹来看，除上述三家之外，明显还带有苏东坡、黄庭坚、米芾的影子。或许，陆游更看中的是张旭的癫狂和颜真卿的忠义，想借此来抒发他那饱受压抑而欲一吐为快的爱国豪情。

南宋淳熙十三年（1186），陆游已62岁。因为丞相王淮的力荐，他被起用为朝奉大夫、权知严州军州事。作为当时政局对策的一个异见者，陆游对这个善意的任命并不满意，他上书孝宗皇帝，要求请战北伐，来光复旧时的尊严和辉煌。但他得到的是孝宗皇帝顾左右而言他式的建议：严陵的山水绝胜，公务之余，可以赋诗怡情。其潜台词不言而喻。

同年盛夏，陆游赴任严州前夕，他曾作书给亲家。这件手札留传至今，就是现藏于故宫博物院的《桐江帖》：

游皇恐再拜。拜违道义，忽复许时，仰怀诲益，未尝一日忘也。桐江戍期，忽在目前，盛暑非道涂之时，而代者督趣甚切，不免用此月下浣登舟。愈远门阑，心目俱断。然亲家赴镇，亦不过数月间，彼此如风中蓬，未知相遇复在何日，凭纸黯然，惟日望召归，遂跻禁途，为亲旧之先尔。游皇恐再拜。

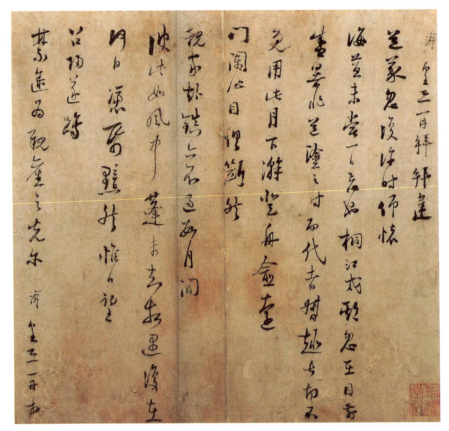

南宋淳熙十三年（1186）　陆游《桐江帖》，又名《拜违道义帖》

现藏于北京故宫博物院

　　桐江是富春江从严州州治到桐庐段之别称，此处代指严州。该帖风格清劲流丽，意势连绵，无论是用笔和结字上，都深得杨凝式《新步虚词》之神髓。这件法帖入藏清宫后，著录于《石渠宝笈续编》，并刻入《三希堂法帖》。此外，值得一提的是，与《桐江帖》风格极为相近的陆游的另一传世作品《长夏帖》，受书人似与《桐江贴》相同，或许也是其在严州任上前后所为，因未知书写年月，故而无法确认。

　　说及严州，陆游家族与之渊源颇深：其高祖陆轸于北宋皇祐元年

（1049）守睦州，曾祖陆珪曾任睦州录事参军，其弟陆浚曾任严州通判，其子陆子遹在南宋宝庆二年（1226）知严州。其四代五人出仕严州，其中三代知州，可称奇事。偶然的背后似乎隐藏着必然。

陆游到任之时，正逢严州荒年。面对到处呈现饥荒灾祸的窘况，陆游固有的济世治邦之心开始生发，决心以善政来治理严州。他在任上，开放州县的义仓，放粮赈济灾民，并上书请求免除当年的赋税徭役。第二年，陆游又写下《劝农文》，晓之以理，鼓励农夫耕种，希望以此来改善民生。种种举措，为陆游获得了众多来自民间的拥趸者。

此后，严州成为陆游真正的怡情之地，他在这里找到了相对平稳的生活。正如他在严州任上写给友人的信札《严州箚子》中所说：

> 游近者奏记，方以草率为愧。专使奉驰翰，所以动问甚宠。感激未易名也。暂还展省，此固龙图丈襟怀本趣。道中春寒，不至冲冒否？诏追度不远旬挟，或已被新渥矣。下谕旧贡院，已为中丞蒋丈所先。新定驿舍见空闲，或可备憩泊已。令扫洒矣，它委遥候面请。游蒙赐香墨，皆珍绝，足为蓬户之光，下情感荷之至。它候续上。状次。又谨具呈。朝议大夫、权知严州军州事陆游箚子。

帖中的"新定"为严州旧称。帖后自署"朝请大夫、权知严州军州事"，为陆游于南宋淳熙十四年（1187）春所写，正是他到任严州半年之后，诸多政事已上轨道，所以有闲暇邀友人来"憩泊"，由此可见，陆游的心情充满愉悦。

更让人愉悦的是，多年种下的文艺果实瓜熟蒂落——陆游的诗集《剑南诗稿》在严州刊印，这也是他诗集的首次刻本，影响深远。此外，短短的两年时间里，陆游还主持刊刻了相当数量的书籍，如《江谏议奏议》

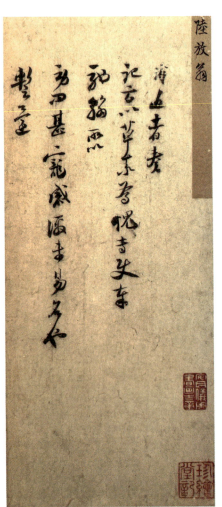
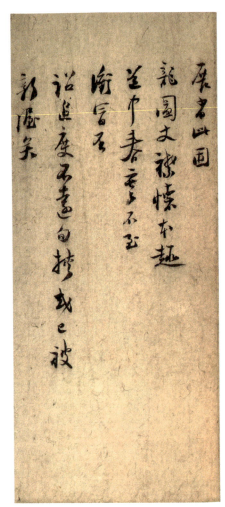

南宋　陆游《严州筒子》，又名《奏记帖》

现藏于台北故宫博物院

《刘宾客集》《南史》《世说新语》等。同时，在这里，陆游写下了诗词近三百首，文稿近百篇。其中有相当篇幅是讴咏严州的山水风物的。据明万历《严州府志》载，后来有人曾将陆游在严州所作的诗稿摹刻上石，陈列于州学，供人瞻仰。

南宋淳熙十五年（1188）七月十日，陆游在严州任满，卸职还乡。38年后，他的职位由其子陆子遹来接替。

二、张栻《严陵帖》

南宋乾道五年（1169）冬，理学家张栻被任命为严州知州。在他之前，同为理学家的吕祖谦在此任州学教授，他对张栻出守严州寄予了很高的期望。

张栻（1133—1180），字敬夫，号南轩，四川绵竹人。右相张浚之子。乾道元年（1165），主管岳麓书院教事，从学者达数千人，奠定了湖湘学派规模，成为一代学宗。

身为一州之主官，张栻在随后的一系列执政措施上，也没有辜负吕祖谦的期望。一到任，即访民疾苦，倾听来自底层的呼声，体察到百姓困于重赋而生活不易，而请吕祖谦代撰《乞免丁钱奏状》，请求朝廷豁免严州当年交纳的丁盐钱绢的数额。同时，缩减宴会，避免不必要的政务开支。由此吕祖谦非常自豪地以他为同类，称赞张栻是理政的典范。

张栻认为政令和刑罚只是辅助的工具，并不能为官吏带来威望，只有礼制教化才是根本。所以，为了改善学宫狭小的办学条件，张栻尽其所能将原学宫南边的尼姑庵旧址纳入学宫，来支持吕祖谦大力整顿书院，极大地推动了严州理学的发展。

史载张栻擅长正书、行书和篆书三种书体，但留传至今仅为行书手札六种，分别为《与子澄知县书》《晚秋帖》《佳雪帖》《新祺帖》《桑梓帖》和《严陵帖》。据以上书迹面貌来看，虽有苏、黄、米时风的浸染，但总体还是南宋挺拔紧峭的风格。有意思的是，这几件手札，除了《晚秋帖》，其他几件或多或少都与严州有关，如《与子澄知县书》是写给曾任建德主簿的刘清之，《佳雪帖》《新祺帖》《桑梓帖》三件是写给淳安的詹仪之，而《严陵帖》则是给严州同僚吕祖谦的丈人韩元吉的书信，内容主要为祝贺除官等事。

《严陵帖》，又称《游从帖》，信中所言"栻自来严陵，与令婿伯恭游从"，正是当时他与吕祖谦在严州任职的史实。该帖未署何年，张栻自署官职为"右承务郎、试尚书左司员外郎兼侍讲"，据《宋史》载，张栻于乾道七年（1171）任尚书吏部员外郎，后兼侍读、左司员外郎，与此帖正合。

《严陵帖》在用笔上时重时轻，虚实结合，呈现出一种外柔内刚的面貌。此件作品虽为日常书写的信札，篇幅不大，但在章法上却独具匠心，在视觉上产生了错落有致、高低起伏的效果。这种处理放弃了连带，而愈加凸显出作者自身清秀柔和的字体。此帖前半部分稍显拘谨，随着书写速度的加快，后半部分则开始流露出奔放自在的状态。

但张栻毕竟不以书法闻名，而是以道学鸣世，所以历代学者论其书法，多以德论艺。同样，张栻论及他人之书作，也更看重对方的德行。历来有书以人传者，或者人以书传者两种说法，而在以理学为性命的张栻眼中，前者所昭示的意义要远远高于后者。因此站在理学家的立场上看，具有文艺性质的书法虽然不重要，但却不能置之不论。

此外，据清《（光绪）严州府志》载，宋时严州尚有张栻书迹两件，一件为他所撰写的《祀仁安山祝文》刻石，另一件则是淳安五峰书院碑，为之题额者就是张栻。

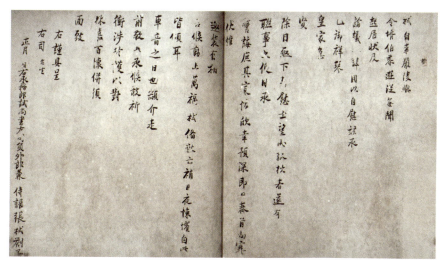

南宋乾道七年（1171）　张栻《严陵帖》，又称《游从帖》
现藏于北京故宫博物院

南宋淳熙七年（1180），张栻卒，年仅 47 岁。在国人眼中，像张栻这样具有杰出文才的人早逝，这似乎表明，老天也在嫉妒他的才华。

三、百世流芳——遂安詹氏旧藏《先贤遗墨》

2001 年，中国嘉德春季拍卖会中国古代书画专场上，一件名为《先贤遗墨》——包括朱熹和张栻等宋代理学名家墨迹的手卷，在拍卖前被视为本场的最大热门。

这件藏品历经八百余年沧桑，由浙江遂安詹氏家族世代相守，历经劫难留传至今，堪称奇迹。所以朱熹后裔、学者朱家溍闻之心喜，并在卷后题跋："先文公朱子手书《春雨帖》真迹，与张宣公手书《新祺》《佳雪》《桑梓》三帖真迹，共裱一卷，为遂安詹氏所藏。自南宋以降，至今经数百年，洵可贵也。余得展卷伏读，深感庆幸。"

明　陈登题《宋贤四帖》引首"先贤遗墨"

现藏于北京故宫博物院

　　朱熹是儒家哲学的宗师，因而字里行间洋溢着文人的书卷气，崇尚传统法度是可以想见的。朱熹是徽州人，而严州和徽州两地地域接壤，水路相连，风俗习惯相近，加上古时同属新安郡辖下，因此，朱熹在严州一直被认同为"乡人"。

　　手卷除了上述四帖外，还有詹仪之和朱熹第三子朱在手札各一通，以及宋高宗、宋孝宗给詹氏敕牒四通，前两通为敕书专用花绫，上有提花暗织"文思院制敕绫"字样，签署官吏亦为历史上知名人物，具有极高的文献价值。引首"先贤遗墨"四字篆书，为明代中书舍人陈登所题写，卷后还有明宣德年间至清道光年间共 21 家题跋。

　　詹仪之（1123—1189），字体仁，严州遂安人。南宋绍兴二十一年（1151）进士。詹仪之一生获得的最高职位是吏部侍郎，除此之外，并没有留下多少引人注目的业绩。或许，他对理学的痴迷程度，要远胜于在仕途上的进取。

　　詹仪之一生孜孜于学，问学于朱熹、张栻、吕祖谦之门，尽管詹仪之要年长于他们，但丝毫不影响他的好学之心。据史载，南宋乾道六年（1170），张栻和吕祖谦在严州任职，詹仪之此时正赋闲在家，三人志

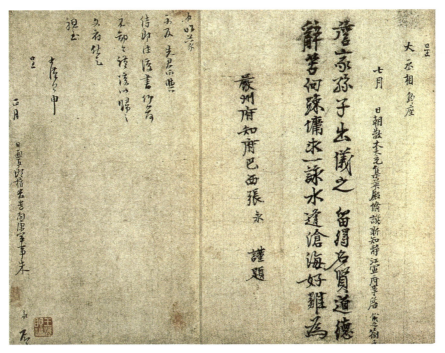

南宋　詹仪之函
现藏于北京故宫博物院

同道合，遂成莫逆之交。乾道年间，詹仪之曾邀朱熹来遂安瀛山书院讲学，而后与之往复问学，虚心求教。淳熙二年（1175），朱熹、吕祖谦、陆九渊兄弟等人在鹅湖论学，詹仪之前往聆听，印证心得。淳熙十六年（1189）二月，詹仪之归居故里，不料七月即遽然离世。朱熹听到噩耗，于次年专程前来詹仪之故里吊丧，并挥泪写下了《祭詹侍郎文》一文致祭，可见两人之间深厚的情谊。

可以说，记录着严州理学思想交流的《先贤遗墨》，为研究詹仪之与朱熹、张栻之间的交游提供了佐证，其珍贵程度正如明嘉靖三十六年（1557）贵州左布政使王汝舟的跋语所言："自宋淳熙迄今几五百年矣，凡先贤遗墨在人间者绝少，而况张、朱二先生之格言乎？当时詹先生躬

闲者闲者他属毒痛亦难谁後以为事也桂人辞

今临川相访立堂上终语广西堇佳见其别村甚有季尘

桀阳必谱见同附此尼自□□以诸□者侍

数□自眠风恫□切己

四時為

圖自畫者以尉善颏□□於王玉濤

古澤具

二月廿六日宣教郎直秘閣劉□

栻敬以深冬佳雪應時伏惟

提刑臺簿 尊兄軺裝多餘

神所相右

台候契居萬福 栻正爾相望之遠敬樊

若時尊生

進德任道以對

休嘉

　若謹具呈

提刑臺簿 尊兄 足下

十二月一日朝奉郎充秘閣修撰權發遣江陵府張 栻剳子

　　　皇恐再拜上問

尊眷火推

中外均受

新祺

諸郎之兩榜久如李頫附壯荖無因前厚

　今子大勝慶小拆荖豪

其間呈見

寄兩圖悅泝寄陰

紹㗊於其間柱來山川真是勝槩不十座而氏兩

受之而子孙世世宝藏之，真岿然鲁灵光也。"

其实，这卷记录着严州理学思想交流的珍贵手卷，一直被刊载入地方志书。早在明《（万历）严州府志》就有记载："《先贤遗墨》，宋儒詹仪之与朱晦庵、张南轩辩论《大学格致章》往复书札，詹氏子孙宝之。"此后直到清末，《严州府志》和《遂安县志》都未曾忘记信息。同样信息也被清代葛嗣浵的《爱日吟庐书画续录》记录在案，名为《宋朱熹张栻札子合卷》，记录更加详备，标注了每帖具体尺寸，表明葛嗣浵曾于当时詹氏后人手中获睹原迹。并且，《宋朱熹张栻札子合卷》著录比《先贤遗墨》多出了一篇张栻《碑式帖》，说明《先贤遗墨》在清末葛嗣浵著录之前，应该收有张栻四帖，之后该卷割去《碑式帖》而重新装裱。其中原委，也许唯有詹氏后人知晓。

现存有关朱熹和张栻四帖的具体情况如下：

《春雨帖》，朱熹的《朱文公文集》未收入，明《（万历）严州府志》有载。为朱熹淳熙十二年（1185）所作，时詹仪之任静江知府。《爱日吟庐书画续录》注明尺寸为：高一尺二寸，阔二尺四寸二分。

《佳雪帖》，张栻《南轩集》未收，为佚文。《爱日吟庐书画续录》注明尺寸为：高一尺一寸九分，阔一尺二寸五分。

《新祺帖》，张栻《南轩集》和清光绪《严州府志》有载，题为《与詹仪之书》。《爱日吟庐书画续录》注明尺寸为：高一尺一寸九分，阔二尺二分。

《桑梓帖》，张栻《南轩集》未收，为佚文。《爱日吟庐书画续录》注明尺寸为：高一尺一寸八分，阔一尺八寸八分。

此后，《先贤遗墨》一直被人牵挂，在传承过程中，遭遇波折。遂安进士余国祯曾撰有《阅詹氏家藏文公真迹纪异》披露，大意为明崇祯末年，有高官以借阅之名，索据《先贤遗墨》达一年之久，幸得托人游说，始予归还。而后多次遭遇乱世战火，其余珍藏皆无遗存，唯留此卷。

从相关历史文献而知，直到 1949 年之前，《先贤遗墨》都保存于遂安郭村詹氏家族。1959 年，建新安江水电站，詹氏后人携《先贤遗墨》迁居江西崇仁县。到 20 世纪 80 年代后期，《先贤遗墨》流落海外，直至 21 世纪初出现在嘉德拍卖场上。

或许是当年显贵尚未认识到这卷藏品的历史价值和学术研究价值，结果因拍卖价没有达到底价，最终未能成交。第二年，《先贤遗墨》被国家收购，入藏于故宫博物院。

四、杨皇后的书画艺术

宋代是中国绘画史上的鼎盛时期，以李唐、刘松年、马远、夏圭等人为代表的南宋画家，他们的作品至今在画坛仍具有相当的影响力。除此之外，许多皇帝也是书画高手。风气所染，后宫中亦不乏挥翰弄毫者，其中最让人称道的莫过于杨妹子。

杨妹子（1162—1232），原名杨桂枝，严州淳安人，南宋宁宗赵扩第二任皇后。年少时，杨氏因美貌出众，入宫成为艺文杂剧供奉艺人。南宋庆元元年（1195）三月，成为赵扩的妃嫔，封平乐郡夫人。庆元三年（1197），晋封为婕妤。庆元六年（1200），晋封为贵妃。生子郢王赵增，早殇。南宋嘉泰三年（1203），被立为皇后。之后生华王赵坰，亦早殇。南宋嘉定十四年（1221），尊为皇太后，垂帘听政。次年四月，撤帘退位。南宋绍定五年（1232）去世，追谥号为"恭圣仁烈"。

杨妹子是淳安县里商乡杉树坞龙门墈杨家基人，所以当地又被称为"皇后坪"。有关她的籍贯，有说是会稽（今浙江绍兴）人，这个来源出自《宋史》记载："恭圣仁烈皇后，少以姿容选入宫，忘其姓氏，或

南宋　杨妹子《春日诗》团扇

现藏于美国纽约大都会艺术博物馆

云会稽人。"言辞含糊迟疑，并未肯定。但许多史料沿袭此说，以致以讹传讹。

　　其实，早在宋代《（景定）严州续志》中就有明确记载："开禧元年十二月，御笔尽免两浙身丁钱，从中殿之请也。盖恭圣仁烈皇太后为严人，故有是请。"所言涉及皇室之事，在当时，岂敢有虚构之辞？所以，清代纪昀在《钦定四库全书提要》中给予了澄清："其户口门中，载宁宗杨皇后，为严人，而乡会门中，亦载主会者为新安郡王、永宁郡王。新安者杨谷，永宁者杨石，皆后兄杨次山之子也。而《宋史》乃云：

'后，会稽人。'必当有误！此可订史传之讹也。"纪昀所言，斩钉截铁，无可置疑。

至于杨妹子的身世，南宋笔记中相关文字记载也复杂离奇，比较合理的说法是民间发现的《宏农杨氏宗谱》记载，杨妹子之父杨纪，字子序，举进士第，任官事制临时行政。娶徐氏为妻，生四子一女，长子次山，次子岐山，三子望山，四子冯山，女儿兰枝。杨纪后来纳原为宫中教坊乐女的张氏为妾，生女桂枝，即为后来的杨妹子。当然，这个说法可能永远无法被证实。

杨妹子从农家少女，到侧身宫中，最终贵为皇太后，她在宫廷中的经历，无论是正史野史，或是民间传说，都有着跌宕起伏、惊心动魄的情节。后宫中有着各种明枪暗箭，包括册封皇后、谋杀权臣、改立皇子、摄政去世等一系列政治事件，如果不是侥幸，那么，基本可以判断杨妹子的性格和能力：既睿智机警，又果敢冷静，实为一位美貌与智慧并存的绝代奇女子。

杨妹子出身女伶，多才多艺便是本色。她通经史，而工诗词，曾著有《杨太后宫词》一卷，是她以宫廷生活为题材所作的一部词集，留传至今尚有三十首，后被明代毛晋收录在《五家宫词》中。此外，杨妹子还作有许多题画诗，散见于明清两代书画著录之中。

杨妹子工书善画，精鉴赏。她的绘画虽然与南宋宫廷专业画师的水准还有一定的距离，但作为一代皇后和太后，无疑是历史上最为显赫、水平最高的女书画家。她现存的画作主要有《百花图卷》《月下把杯图》等数件，只是前者书画界有人质疑它的真伪。相比较而言，现藏于上海博物馆的《樱花黄鹂图》更令人信服，此作是杨妹子于南宋嘉定六年（1213）所画，而赠予其兄永阳郡王杨次山的作品，为典型的南宋院体画风，用笔工致纤细，设色浓丽典雅，风格略近当时的马麟。

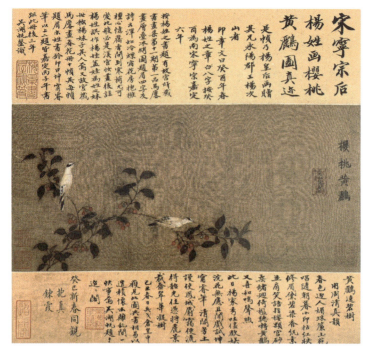

南宋嘉定六年（1213）　杨妹子《樱花黄鹂图》

现藏于上海博物馆

　　根据宋代皇室的习惯，宫中内夫人往往受命为皇帝代书，因此，字学当朝皇帝而能肖似，是后宫夫人的必修课。杨妹子也不例外，她的书法，带有颜体而娟秀平正，极似宁宗皇帝，所以宁宗题画大多由其代笔。当时宫廷画家马远的画进御，以及颁赐贵戚之类，宁宗皆命杨妹子题署。有关南宋后妃善书者，《书史会要》记载了四位，杨妹子占据了一席，可以说，她是南宋女性书家中的杰出代表。至今，在世界各地，她留传下来的书法作品大约还有十幅左右。

　　时轮转了千年，作为工于权术的皇太后，她波澜壮阔的人生历程，似乎已经有些模糊，往往被人忽视。但作为书画家的杨妹子，幸好纸墨犹存，仍可记取她细腻温婉的风致。

五、苏迟诗帖与寿字碑

"碑帖"是金石学研究的主体。碑的作用首先是记录文献的实用功能，其次才是书法的审美功能。到了宋代，人们开始将审美功能置于首位，把名人墨迹摹刻到石版、木版上，称之为刻帖，通过捶拓，像雕版印刷一样复制，终其目的，就是为了便于保存，又能广泛提供书法临摹范本。北宋淳化三年（992），宋太宗敕刻《淳化阁帖》，被后世称为"法帖之祖"。此后，刻帖捶拓之风大盛，从官家到民间，呈现出宋元明清刊刻法帖的繁荣景象，留下了浩如烟海的碑帖传本。

据史志记载，睦州曾将当时名臣范仲淹、韩琦、富弼、文彦博的手泽一起，刻石置于高风堂庭庑间，名为"四公帖"，供州人瞻仰学习。近年来新发现的苏迟诗帖和寿字碑等实物，则是宋代严州刻帖之风的见证。

侍郎苏公诗

酬奉次召学录见示长句，迟上。

乌龙马目秀且清，中有溪流漱石声。

自古逸民多不朽，至今文士擅高名。

身居陋巷非终隐，水出比邻可濯缨。

我欲访君无却扫，芒鞋梨杖试微行。

绍兴十三年闰四月二十日严州州学学录包奭立石

次召学录见和长句，复次韵以答佳贶，迟上。

妙言惊世玉壶清，铿然堕地有金声。

青春得意宜贾勇，老境怀归已败名。

志士终当被华衮，赢驹那复念繁缨。

独有游山情未已，蓝舆尚可作郊行。

　　绍兴十三年闰四月二十二日严州州学学录包奭立石

以上是苏迟诗稿石刻的内容。苏迟（约 1070—1155），苏辙长子，苏轼之侄，四川眉州人。南宋建炎二年（1128），苏迟任婺州知州，因此安家于婺州金华县。绍兴五年（1135）告老，似乎未被准许，直到绍兴十二年（1142）才致仕赋闲。绍兴十五年（1145）卒，葬于兰溪栖真寺小飞来峰下。

根据苏迟生平，从石刻文字中可以得到几点信息：

苏迟两首诗是为严州州学学录包奭所作的两次唱和。包奭其人生平失考，只知其时任严州州学学录，一位擅长诗词的文人。

苏迟之子苏简，先后于绍兴十二年（1142）和十七年（1147）两任严州知州，此刻石时间是在其第一次任上。对于卑微小吏包奭来说，名门之后苏迟的两次回应，肯定是一种荣耀，值得彰显。同时，抛开书法精彩的成分，为知州父亲的诗作刻石留芳，也是光彩之事。

该诗提及乌龙山和马目山，说明苏迟曾经来严州游历，两山给他留下了深刻印象。苏迟当时已定居婺州，而婺州与严州两地接壤，无论水道陆路，交通都较为便利，加上苏简任职的因素，常来常往亦不为过。

从诗帖的书写形式可以看出，刻石完全按照墨迹面貌复制。如作者落款著于文前，以及诗中写到"身居陋巷"的"身"字，则平抬另行书写以示礼节，等等，皆与宋代盛行的行格习惯相符合。

苏迟的书法取法苏轼，俊逸流美，深得苏字的精神，同时能在苏轼的基础上翻出一些自己的新面目。作为"宋四家"之首而彪炳书史的苏轼，书法平正豪迈，苏轼的道德形象与文采影响深远，其书风为当时许多文

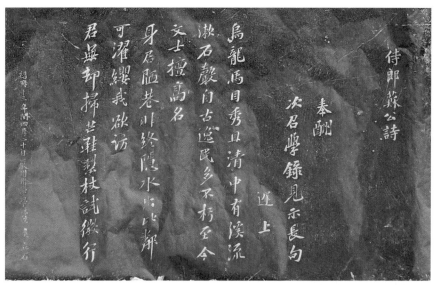

侍郎蘇公詩

奉酬

次吕學錄見示長句

邁上

烏龍馬目秀且清中有溪流

漱石礐自古遷民多不栫至今

文士擅高名

身居陋巷非終隱水……此郡

可濯纓我欲訪

君與卻掃芒鞋藜杖試徐行

紹興三年閏四月十日……學書……近石

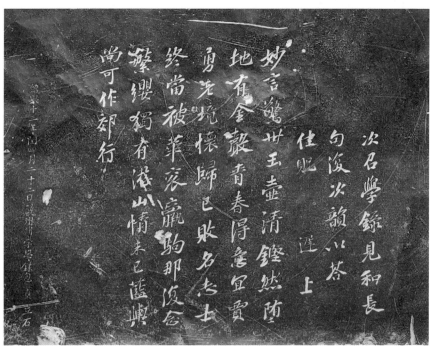

次吕學錄見和長

句復次韻以荅

佳貺

邁上

妙言鸞世玉壺清錚然墮

地有金聲青春浮蟻宜買

勇退坑懷歸已耿名志士

終常被華衰龐駒那復谷

蘂纓獨有滄山情未已藍嶼

嘲可作郊行

紹興十二年閏四月二十二日後湖……字……二石

南宋　《苏迟诗帖》拓本　沈伟富／摄

人效仿追随。苏迟与苏轼关系非同一般，得到苏轼的教诲亲炙，自然有别于其他私淑者。

该诗帖的书风与现藏于台北故宫博物院的苏迟跋唐《怀素自叙帖》墨迹如出一辙。后者书于南宋绍兴三年（1133）婺州任上。严州所出的诗帖，书于绍兴十二年（1142）前后，是目前所知苏迟最晚的手迹。

两诗同为绍兴十三年（1143）闰四月所刻，一为二十日，一为二十二日，前后镌刻时间相差两天，也就是说，两首诗稿从文字复制上石到镌刻仅仅用了四天，质量之高，速度之快，足见当时石工高超精湛的技艺。

该诗帖刻工精良，材质为太湖石，品相基本完好，除了几道挖掘利器伤及的划痕，犹如新剜一般。然两诗刻于一石，文字却倒置相向，无论朝向，皆有一诗无法竖立欣赏，当是镌刻完成还未来得及一裁为二来陈列，遂后不知何时何故被封存埋于土中。

寿字碑最早见载于《（景定）严州新定续志》，记录碑阳为范仲淹《高风堂记》，碑阴则是摹刻泰山"寿"字。之后消息全无。当寿字碑再次出现在人们的视野，则是在2015年以后，在严州旧城墙角发现的《睦州学教授题名记》刻石背面，半米见方的"寿"字赫然在目。

查"寿"字下方，刻有跋文数则，未见他书记载，可补史料之阙：

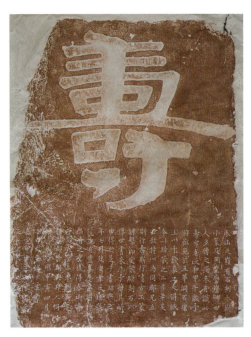

南宋　寿字碑拓片　沈伟富/摄

泰山之巅有石刻，秦斯小篆及明皇磨崖碑，世人多传之，独有未识此"寿"字者。政和甲午岁，予游岳，见于五华洞石碧上，以千钱募工人得纸本以归，藏之二十年矣。去秋，持以为同郡兄丘斯行寿，斯行嗜古，工篆隶，击节爱叹，欲刻石以传世，书来求予著其所由得，于是乎书。绍兴三年七月建安叶庭珪跋。

不遏先有庐阜庆字，揭于温清之堂，后得泰山"寿"字，镌于堂上。来刺新定，模于郡斋，期与邦人同跻寿城。绍熙甲寅四月二日，文安赵不遏书。

嘉定甲申三月陈安重摹于□□。

结合志书和刻石文字内容梳理如下：宋代政和四年（1114），福建叶廷珪游泰山，因对山崖石壁上"寿"字喜爱有加，于是出重金请工人勾描获得摹本。绍兴三年（1133），叶廷珪将摹本作为礼物为友人丘斯行祝寿。次年，丘斯行欲将寿字摹本翻刻上石，延请叶廷珪作跋记录原委。数十年后，摹本及叶廷珪跋记又为同是福建人的赵不遏所得。绍熙四年（1193），时任知州的赵不遏为严州祈寿，于是再作跋拟将摹本复刻，不知何因未能实施。直至嘉定十七年（1224），始由陈安重摹上石，刻于州衙的《高风堂记》碑阴。景定年间（1260—1264），碑石为此时

《睦州学教授题名记》刻石　沈伟富／摄

编纂的《景定严州续志》所记载。而后岁久，高风堂毁塌，碑石闲置。咸淳八年（1272）八月后，主事者又将碑石上的范仲淹《高风堂记》凿去，改刻《睦州学教授题名记》，直至现存之貌。

在开采石技术和交通相对落后的宋代，将一块此地并不出产的太湖石反复利用，这种"惜物"的举动多是常态。并且，因为太湖石比本地盛产的严州青石质细腻，更能表现点画丰富细微的变化，估计也是没有采用后者来替代的原因。

至于跋文中所摹寿字源于泰山五华洞石壁，五华洞其名现已不存。然经辨识考证，寿字碑的"寿"字与《泰山经石峪金刚经》中的"寿"字完全吻合。而《泰山经石峪金刚经》是北齐天保年间（550—559）摩崖石刻，刻于泰山石经峪花岗岩溪床，字大径尺，风格遒劲古拙，被尊

《泰山经石峪金刚经》中的寿字，刻于泰山经石峪花岗岩溪床

为"大字之祖"。两相比较，只不过现存摩崖刻石经过千年的风雨冲刷，以及历代千百次的捶拓，线条显得较为纤细，而深藏几百年的寿字碑，肯定更接近北齐初刻时的原样。

第四章

方志经典 史体新篇

——宋代严州史著

宋韵严州

我国史学发展源远流长，史书体例有以《史记》《汉书》为代表的纪传体，有以《资治通鉴》为代表的编年体。到了南宋，袁枢融合了以上两种史学体例，编撰了《通鉴纪事本末》，创立了纪事本末体。这部具有划时代意义的史学巨著的首刻本诞生在严州。它的出现，连同《严州图经》《（景定）严州续志》一起，成为严州史学史上三颗璀璨明珠，这为后世留下了宝贵的文物，也为研究南宋及当时严州所辖六县的历史提供了很高的参考价值。

《严州图经》书影

一、《严州图经》

《严州图经》是我国现存带有地图的方志中最早的一部。

图经又称图志或图记。图，是图画的意思。经、志或记，都是文字记述之意。简单地说，图经就是一种除了文字外兼用图画说明的书。

图经是方志发展到一定阶段才出现的，所以，图经的产生有它的历史条件和特点。中国早在春秋战国时期，已有专记地区情况的典籍，但大多只有文字叙述，而无地图。那时的地图绘制多为军事机密，能够看到地图的人不多。到了秦汉，中央集权统一国家的建立，改行郡县之制，为了便于政权巩固，郡国地图的编绘和应用日益发展起来，才在记述地区情况的史志中增加了地图，甚至把地图放在首位。元代张铉在《至正金陵新志》修志本末中说："古者九州有志尚矣，书存禹贡，周纪职方，春秋诸侯有国史，汉以来郡国有图志。"这里的图志即图经，其中地图大概放在文字记述之前。现在所知最早的一部图经是汉代的《巴郡图经》。

《巴郡图经》今已不存。幸而晋常璩《华阳国志·巴志》有记载："考桓帝以并州刺史泰山但望，字伯阉，为巴郡太守。永兴二年二月望上疏曰谨案巴郡图经，境界南北四千、东西三千、周万余里，属县十四；盐铁五官，各有丞史，户四十六万四千七百八十，口百八十七万五千五百三十五，远县去郡千二百至千五百里，乡亭去城或三四百，或及千里云云。"据此可知，当时除巴郡外，其他各郡或亦有修纂图经的，只是未见记载。关于《巴郡图经》的文字内容，现在知道的只有以上但望的奏疏中提到的内容，可惜经已不传，图又亡佚。

两晋南北朝时，图经成为方志通行的名称。唐宋是图经发展的鼎盛时期。唐代的图经和图志，留传下来的有《沙州图经》（残卷，图佚。沙州即今甘肃敦煌市）、《西州图经》（残卷，图佚。西州即今新疆吐鲁番市）和《元和郡县图志》（志存，图佚）。

宋代修纂的图经很多，但留传至今且尚存全部地图的图经，就是南宋时修的《严州图经》。

我们现在所见的《严州图经》，是清光绪二十二年（1896）渐西村舍刻本，为三卷残本，幸而地图都在卷首，得以留传下来。其实《严州图经》从诞生起，几度重修，几经沧桑，经历了一段坎坷的岁月。

南宋绍兴九年（1139），严州知州董弅主持修撰《严州图经》。董弅在序中说："绍兴七年，弅来承乏，尝访求历代沿革，国朝典章，前贤遗范，率汗漫莫可取证。询之故老，则曰是邦当宣和庚子盗据之后，图籍散亡，视他州尤难稽考……于是，因通判军州事孙傅有请，乃嘱僚属知建德县事熊通、州学教授朱良弼、主建德县簿汪勃、主桐庐县簿贾廷佐及郡人前汉阳军教授喻彦光，相与检订。事实各以类从，因旧经而补辑，广新闻而附见，凡是邦之遗事略具矣，岂特备异日职方举闰年之制。"序中的"因旧经而补辑"中的"旧经"，是指北宋年间的"诸路图经"。只可惜，董弅修竣的《严州图经》（八卷），早已亡佚，连郑樵的《通志》中都未见记载。

南宋淳熙十一年（1184），知州陈公亮到任。第二年，陈公亮命教授刘文富对《（绍兴）严州图经》加以增订，并再次刊行。淳熙十三年（1186），图经刻成，名《重修严州图经》，后人又名《（淳熙）严州图经》。这部图经，保存了《（绍兴）严州图经》中董弅的序文。图经分为历代沿革、分野、风俗、州境、城社、户口、学校、科举、廨舍、馆驿、仓库、军营、坊市、桥梁、物产、税赋、寺观、贤牧、题名、正倅题名、添倅题名、登科记、人物、碑碣等门类。卷首所附地图有九幅，

《（淳熙）严州图经》书影

其中前三幅是"子城图""建德府内外城图""府境总图"，后六幅都是县图，即"建德县境图""淳安县境图""桐庐县境图""遂安县境图""寿昌县境图"和"分水县境图"。此书的文字部分已残，仅存卷一、卷二和卷三。

《（淳熙）严州图经》之后，有没有再修过严州图经，史上没有明确的记载。但从现存的残本《严州图经》来看，这部残本并非原汁原味的《淳熙严州图经》，而是经过了多次增补。《（淳熙）严州图经》所记年代的下限为南宋淳熙丙午（1186），而残本《严州图经》一直记到南宋宝祐五年（1257）。故而可以肯定，在这71年中，图经曾经得到几次增补。经过增补的《严州图经》，后人又把它叫作《新定志》。

重刊本《新定志》是南宋严州地区一部著名方志，受到当地官府及部分藏书家的重视。然宋亡以后数百年间，除《文渊阁书目》稍有记载外，《新定志》似乎销声匿迹了，直至18世纪末、19世纪初才重现人间。据《土礼居藏书题跋记》《皕宋楼藏书志》记载，《新定志》先后被严蔚、黄丕烈、陆心源等藏书家收藏，最后随着陆氏藏书大部流落日本而归于静嘉堂文库。不过，幸而杭州藏书家丁丙事前于陆心源处影抄是书，抄本今藏南京图书馆，方能让我们今天略窥《严州图经》之原貌。

我们现在所见的《严州图经》为三卷残本。其实，关于《严州图经》的卷数，无论是董弅重修图经，还是陈公亮、刘文富再刊图经，都未曾言及卷数，唯《直斋书录解题》及《宋史·艺文志》方有记载，均作八卷。我们不妨依目前卷次录诸门目如下：

卷一（州）：历代沿革、分野、风俗、州境、城社、户口、学校、廨舍、馆驿、仓场库务、军营、坊市、桥梁、沟渠、物产、土贡、税赋、寺观、祠庙、古迹、贤牧、正倅题名、添倅题名、学校、登科记、人物、碑碣。

卷二（建德县）：历代沿革、县境、社、乡里、户口、工廨舍、知县题名、馆驿、土贡、税赋、寺观、祠庙、山、水、古迹、贤令、人物、碑碣、坟墓。

卷三（淳安县）：历代沿革、县境、城社、乡里、户口、学校、廨舍、馆释、仓务、土贡、税赋、寺观、祠庙、山、水、古迹（下佚）。

以此三卷的规律，显然是一个先记州治后分述属县的结构。依此类推，卷四至卷七应分别为严州另外四个属县，即桐庐、寿昌、分水、遂安。至于《直斋书录解题》及《宋史·艺文志》的八卷记载，今有两种可能的解释。其一，正文七卷加卷首一卷，合为八卷。据学者顾宏义在其《宋朝方志考》即著录为"《新定志》今存三卷，卷首一卷"，他表示，图经卷首有诏、制、敕书、榜、序、图（包括图说）共 38 页，多于卷二建德县的 29 页，视为一卷似乎合情合理。古代方志一般都有卷首部分，内容不外乎序文（包括旧序）、地图、修纂名氏、凡例、目录等，但目录学家在著录时，通常只标明正文卷数，而将卷首忽略不计。比如，《（景定）建康志》正文五十卷，卷首有序、表、笺、目录、修志本末，各家书目却皆著录为五十卷。再如，《（正德）袁州府志》正文十四卷，卷首有序、凡例、图、郡县表、目录，各家书目俱作十四卷。因此《直斋书录解题》与《宋史·艺文志》所谓《严州图经》八卷，应当不包括卷首。其二，今本第一卷实则原书前两卷。图经原本八卷，后六卷所记又为严州属县，则记州治应为前两卷。而今本图经记州治者仅有卷一，似乎今本卷一乃原书前两卷合并而来。故《严州图经》淳熙重刊后，历经多次补版，或许就在这一过程中记州治部分即前两卷被合为一卷，形成今日所见残本之面貌。

关于《严州图经》，还有轶事一则。

清朝，有一位严姓人在昆山的书肆上花了三两二钱买得一部《严州图经》。他以此书向一位藏书家索要百千文，藏书家没有还价就去取钱。此时，姓严的碰巧遇见了当时的大学者钱大昕，并将此书让钱大昕过目。钱阅后大惊道：这是世上独一无二的秘籍呵。此后，那位藏书家每次提及买书之事，姓严的连书也不给他看一眼，且出天价，令藏书家仰天长叹：司书鬼啊司钱神呀，你们能帮我一把吗？这一轶事，足能说明《严州图经》的珍贵。

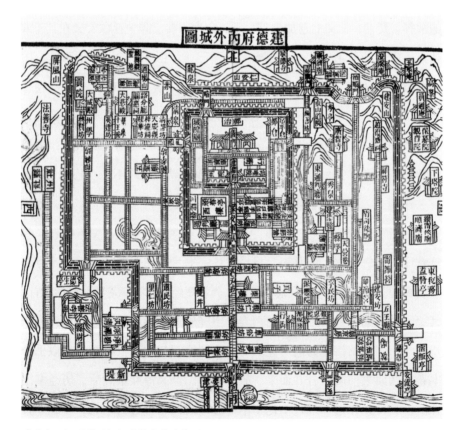

《（淳熙）严州图经》建德府内外城图

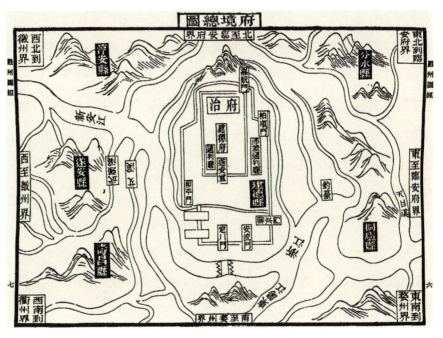

《（淳熙）严州图经》府境总图

二、《（景定）严州续志》

　　《（景定）严州续志》是《严州
图经》的续本。为什么是续本？据现
存《严州图经》的"知州题名"，所记
下限为南宋宝祐四年（1256）吴槃罢任；
建德县"知县题名"，所记下限为宝祐
五年（1257）杜林去任。而《（景定）
严州续志》的建德县"知县题名"正
是从宝祐五年十二月潜说友到任开始记
起，图经和续志两书无缝衔接。

　　据《四库全书总目提要》："《（景

《新定续志》书影

定）严州续志》十卷，宋郑瑶、方仁荣同撰。瑶时官严州教授，仁荣时官严州学录，其始末则均未详也。所记始于淳熙，迄于咸淳。标题惟曰《新定续志》，不著地名，盖刊附绍兴旧志之后，而旧志今佚也。"上述提要有三个舛误，这里一并指出。第一，"所记始于淳熙"，应始于宝祐，紧接《新定志》；第二，"盖刊附绍兴旧志之后"，应为附于《新定志》之后；第三，"不著地名"，其实"新定"就是严州旧郡名，为唐天宝年间设。

《（景定）严州续志》共十卷，其中卷二《郡官建置》中记载："隋仁寿三年，始以新安、遂安、桐庐三县置睦州，领以刺史，即今州境是已。后改睦州为遂安郡，置郡为守，而以歙州为新安郡。唐武德中复为睦州，天宝元年改睦州为新定郡，后虽沿革不一，然皆以刺史领州。五代时隶吴越国，初以防御使遥领，吴越纳土后，命殿中丞李继敏权知睦州，自是为知军州事。政和中升为节度州，宣和三年改严州。"以上可知修志时，严州下辖建德、淳安、桐庐、遂安、分水、寿昌等县，此续志的前四卷总括一州的情况，卷五到卷十分列严州下辖的各县。

续志的内容分节镇、城关、户口、列廨、仓场库务、馆驿、行衙、坊市、郡官建置、贤牧、名宦、瑞产、荒政、税赋、军饷、学校、钓台书院、州学教授题名、贡举、登科题名、乡饮、乡会、人物、山、水、寺观、祠庙、古迹、碑碣、书籍等门类，行文简洁明了，体例深得方志法则，故《提要》说："《（景定）严州续志》叙述简洁，犹舆记中之有古法者。"

无论《严州图经》，还是《（景定）严州续志》，皆是南宋时期修订的地方志，对严州历史、经济、政治、文化及名胜古迹、民风民俗、名人先贤都进行了全面翔实的记录，对后人研究南宋及当时严州所辖的六县具有很高的参考价值。

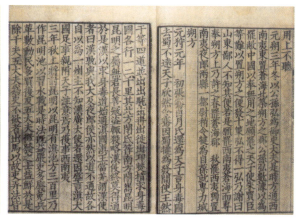

《通鉴纪事本末》书影

三、《通鉴纪事本末》

《通鉴纪事本末》的编著者是袁枢。

袁枢（1131—1205），字机仲，建安（今福建建瓯）人。袁枢自幼就受到良好的教育，加上天性聪颖，七八岁就能作诗。十七岁时，袁枢到了临安进太学，试礼部词赋第一，后攻书多年，为他一生事业的发展打下坚实的基础。

南宋孝宗隆兴元年（1163），袁枢考中进士。当时宋孝宗志图恢复中原，素抱"爱君忧国之心，愤世疾邪之志"的袁枢，积极地向孝宗皇帝进言献策，颇受宋孝宗器重，之后历任温州判官、严州教授、太府丞兼国史院编修、大理少卿、工部侍郎兼国学祭酒、右文殿修撰、江陵知府等职。晚年喜欢研究《易》，著有《易传解义》《辩异》等。

乾道九年（1173），袁枢任严州教授，在任四年。在严州期间，袁枢过着"却怜广文官舍冷，只与文字相周旋"的生活，但他的"爱君忧国之心，愤世疾邪之志"依然未减。他以巨大的定力与热忱，把司马光的《资治通鉴》，按事立目，抄辑成书，号为《通鉴纪事本末》，创立了纪事本末的写史新体裁。

袁枢编纂《通鉴纪事本末》的直接原因，是为了解决通读《资治通鉴》的困难。

由于编年体的《资治通鉴》记述了一千三百多年的史实，取材宏富，但只是按年记述，对一件连续数年的史事，未能进行连贯记述，增加了阅读的困难。据说，《资治通鉴》完成后，司马光希望写作班子以外的人员看一遍，但使他失望的是，只有一个叫王胜之的借去看了一遍，别的人面对这部巨著，因其卷帙浩繁而生抵触之心，有的看了几卷就不想再看。

凡是读过《资治通鉴》的人，确实都有这样的感觉，要了解一件历史事件的前后始末，得翻阅好几卷，而且一旦疏忽，便往往生出片面的理解，对于研习很是不便。司马光本人也感觉到这一难处，晚年曾想过整理一部《资治通鉴举要历》，把原著简化一番易于通读，但因其年老力衰，未能完成。

要改编这样的鸿篇巨制，实在是工程浩繁，绝非易事。有心人袁枢在熟读《资治通鉴》的基础上，根据《资治通鉴》记载的重要史实，融会贯通，以事件为中心，按照《通鉴》原来的年次，分类编纂，抄上原文，包括司马光本人的史论，每事标以题目，而袁氏本人并不发表任何意见。这样，共编集了二百三十九个事目，始于"三家分晋"，终于"世宗征淮南"，共四十二卷。

其实，以"时"为中心的编年体和以"人"为中心的纪传体各有千秋，检索不便则是它们的共同缺点。袁枢创立的以"事"为中心的纪事本末体，正好弥补了编年与纪传体的不足，丰富了史学写作方式。正如清代史学家章学诚所评论的那样："因事命篇，不为常格；非深知古今大体，天下经纶，不能网罗隐括，无遗无滥。文省于纪传，事豁于编年，决断去取，体圆用神……故曰：'神奇化臭腐，而臭腐复化为神奇'。"（章学诚《文史通义·书教下》）

袁枢编撰《通鉴纪事本末》，究竟花了多少时间，史无明确记载。根据杨万里作的序云："初，予与子袁子同为太学官，子袁子学录（宋太学有正录、学录官）也，予博士也，志同志，行同行，言同言也。后一年，子袁子分教严陵，后一年，予出守临漳，相见于严陵，相劳苦、相乐且相楸以学。子袁子因出书一编，盖《通鉴》之本末也。"杨万里与袁枢最为相知，相别只有两年。据此，此书的编撰过程，大约用了近两年的时间。但是，酝酿的过程却是难以计算。袁枢自幼喜诵司马光的《资治通鉴》，"苦其浩博"，说明早有改编之意。他的另一位好友吕祖谦说："若袁子之纪末，亦其昔年玩绎参订，本之以经义，验之以世故，广之以四方贤士大夫之议论，而后部居条流，较然易见矣，夫岂一日之积哉！"可见袁枢编撰《通鉴纪事本末》所花的心血，是无法用时日计算的。

《通鉴纪事本末》书成之后，当时任参知政事的龚茂良读后认为"有补治道"，于是第一时间将它推荐给了孝宗皇帝。孝宗边阅读边赞叹，后诏严州摹印十部，赐予太子和镇守江淮的将帅，命他们熟读此书，说："治道尽在是矣！"（《宋史·袁枢传》）

袁枢受到宋孝宗的赏识，又被召还临安，担任国史院编修官等职。

南宋宁宗庆元二年（1196），由于韩侂胄当权，颁令朱熹的道学为"伪学"，禁用"伪学党人"，袁枢与朱熹过往甚密，被列入党禁之中受罢，在家闲居。开禧元年（1205），袁枢卒于家中，年七十五。

《通鉴纪事本末》，因为孝宗的大力推荐，而受到朝野的极大重视，从而不断被重印。据淳祐重修本章大醇序中所言，此书刊于南宋淳熙二年（1175），修于端平元年（1234），重修于淳祐元年（1241），这三次均刊于严州。加上宝祐五年（1257）湖州的"大字本"，在八十余年间该书就刻印了四次，为古代出版史上少见。

袁枢一生，爱国忧民，为人正直，他的治史态度也是十分严谨，以是非明辨、刚正不阿著称。在兼国史院编修官分修国史列传时，北宋章惇的后代子孙请托袁枢为章惇的传加以文饰，袁枢严正拒绝，他说："子厚为相，负国欺君。吾为史官，书法不隐，宁负乡人，不可负天下后世公议！"（《宋史·袁枢传》）

当时的宰相赵雄知此事之后，不禁感叹道："无愧古良史矣。"（《宋史·袁枢传》）赞叹袁枢以气节担保，不虚美，不隐恶，让史学以真实面孔传示后人的精神。

雪后的乌龙山与玉泉寺　　张霞萍/摄

第五章

墨黑如漆　字大如钱

——宋代严州刻本

宋韵严州

近代藏书家叶德辉说："书籍自唐时镂版以来，至天水一朝，号为极盛。""天水"是赵氏的郡望，用以指宋代。宋代是中国雕版印刷全面发展的黄金时代，官方和民间都在大力刻书。除最高学府国子监承担国家刻书的主要任务以外，其他政府部门和各级官署也都刻书，民间则有私家刻书和坊间刻书，不仅刻印儒家经典和诸子百家，还刻印史书、医书、算书、字书、历代名家的诗文作品及大部头的类书（类似于今天的百科全书）和佛教、道教的经典。

宋代推行重文抑武的国策，善待读书人，科举制度进一步完善，"朝为田舍郎，暮登天子堂"是生活中的现实。宋真宗赵恒亲自操刀写下了"书中自有黄金屋，书中自有颜如玉"的句子，鼓励天下士子发奋读书。在这样浓厚的读书氛围中，刻书业得到了迅猛的发展，全国出现了好几个繁荣兴旺的刻书中心，尤以首都开封（北宋时期）、浙江、福建、四川、江西等地为最。浙江又以杭州为最，无论是北宋还是南宋，杭州刻书都走在全国的前列。朝廷交给国子监的刻书任务大多由杭州来完成，有些要求高的书籍，朝廷甚至点名交由杭州刻印。

宋刻本是中华文化的骄傲，也是严州文化

的骄傲，宋代刻书的大潮中有着由严州泛出的一朵浪花。

严州宋刻本以校雠精良、印制考究、"墨黑如漆，字大如钱"驰名业界，深受读者的欢迎和专家的好评。严州是南宋时期善本书的刻印地之一，出版过许多名著和巨著，有些还留传至今，成为价值连城的国宝。

宋代覆灭距今已七百四十多年，纸质文本保存不易，加上天灾和战乱，能够保留到今天的宋版书如稀世之宝。据《中国善本书目》统计，目前存世的宋版书 3500 部左右，国内官私收藏不超过 1200 部，可知其珍稀之价值，因而成为收藏界的至宝。2020 年 12 月，宋版《王文公文集》和《宋人佚简》三卷拍出了 2.63 亿元的天价，是目前最贵的古籍。

一、宋刻本的重要产地

"今天下刻本以杭州为上，蜀本次之，福建最下。京师比岁印板，殆不减杭州，但纸不佳。"（宋叶梦得《石林燕语》卷八）杭州是两宋时期最为重要的刻书中心，尤其是南宋定都杭州之后，政治地位骤然上升，人才集聚，刻书业得到了更大的发展。受杭州的影响，毗邻的严州刻书业也兴旺起来，刻印了《艺文类聚》（一百卷）、《礼记集说》（一百六十卷）、《通鉴纪事本末》（四十二卷，一百四十万字）、《剑南诗稿》（二十卷）及《续稿》（六十七卷）等大部头的好书，成为宋刻本的重要产地。

严州刻书的历史可以追溯到北宋初年。

南宋绍兴九年（1139），严州知州董弅在新刻的《（绍兴）严州图经》序言中提到，北宋大中祥符四年（1011），朝廷下令全国各州县纂修图经，严州当然遵照执行。47年后，严州教授刘文富为《（淳熙）严州图经》写的序言中也提到这件事，并且说"郡有版本"，州衙中原来保存着这部《图经》的雕版，后来虽然因为种种原因而"遗漏不存"，但却证实了这部图书的存在。

《（淳熙）严州图经·卷一·风俗》中还有"《（大中祥符）图经》载旧经云"的话头，说明在《（大中祥符）图经》之前已经有一部"旧经"存在，祥符四年上距宋朝开国只有51年，那么这部"旧经"至少要比《（大中祥符）图经》早二三十年。

说到严州的图书，还有一条文学史上的史料。

唐代宗大历年间，左拾遗耿湋奉朝廷之命，充当括图书使，前往江淮一带寻访、搜集图书典籍，经过湖州、越州（今绍兴市），大历十二年（777）春，到达睦州，看望贬任于此的老友刘长卿，刘以《送耿拾遗归上都》诗相赠，耿湋报以《赠别刘员外长卿》诗，体现了两人深厚的情谊。诗中虽然没有直接提到在睦州寻访图书的事情，但考虑到耿湋此行的任务，所以也不能排除在此搜括图书的可能性。

南宋定都杭州，并改名临安，高踞上游的严州成为拱卫京师的战略要地，属"京畿三辅"，归首都直辖，军事地位和政治地位突出。受首都的影响，严州的文化事业发展很快，本来就很有基础的刻书业得到长足的发展。

据编纂于南宋景定三年（1262）的《（景定）严州续志》记载，当时严州刊刻的各类图书多达八十余种，且多名著巨制，驰名诗坛的陆游《剑南诗稿》，袁枢的史学名著《通鉴纪事本末》，卫湜的礼学名著《礼记集说》，唐人欧阳询领衔编撰的大型类书《艺文类聚》，等等，都首刻于严州。严州宋刻本中有许多是初刻本，具有很高的学术价值和版本学价值。

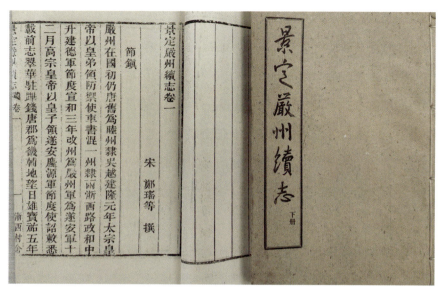

《（景定）严州续志》书影（胶印本）　胡建文／摄

　　80 种严州刻本的问世，奠定了严州在宋代刻书史上的地位，在许多版本学、目录学的著作中都可以看到严州的身影。

　　严州能够成为南宋刻书的重要产地并不是偶然的。

　　第一，严州具有繁荣的经济基础和便捷的运输条件。严州位于钱塘江上游，新安江、兰江在州城汇合，形成富春江后继续北流，是拱卫京师的战略要地，进出京师的官员、士子、军队、客商和大宗货物必经此地，"千车辚辚，百帆隐隐，日过其前"（宋程珌《富春驿记》），是钱塘江上游的水运枢纽。

　　第二，严州拥有良好的文化氛围。受临安的辐射，严州的文化教育事业发展迅速，一批大诗人、大学者如张栻、吕祖谦、袁枢、陆游及朱熹、杨万里、范成大等人或出仕，或做客严州，加上本地的学者如喻樗、赵彦肃、钱时、方逢辰等人的参与，从学、问学者慕名而至，研学之风甚旺，严州的文化氛围十分浓厚，翕然成为文化之邦。这些文化名人在此从事各类文化交流活动，并且在此编刻自己的或者自己推崇喜爱的各种图书著作，直接推动了严州刻书事业的发展。

第三，严州拥有刻书的良好物质条件。雕版印书最基础的物质条件是雕版用的木材、印书的纸张和油墨。严州山区盛产木材，刻版用的梨、枣等树木很多，可以就地取材。纸张则是严州土产，载入《（淳熙）严州图经》的"物产"门。造纸业是严州的传统产业，北宋末年，因为政府没完没了的苛求，甚至引爆了一场规模浩大的农民起义——方腊起义。方腊在故乡青溪漆园誓师时就说过："吾侪所赖为命者，漆、楮、竹、木耳，又悉科取，无锱铢遗。"（宋方勺《青溪寇轨》）这里说的"楮"就是楮树，是一种落叶乔木，树皮是造纸的上等原料，所制之纸称为皮纸，纸质柔韧，拉力强，防虫耐蛀，寿命超长，是高档书画和装裱用纸，后人以"楮"作为纸的代称。

严州虽然没有制墨的记载，但距著名的产墨之地歙（徽）州很近，取用十分方便。

第四，严州具备良好的刻版、包装、运输等的技术条件。当时的写手和刻工都是流动的群体，哪里有业务就往那里走。据当代学者宿白先生的研究，南宋时期，临安官府是刻工最为集中的地方，他们往往根据需要往明州（今宁波市）、婺州（今金华市）、严州各地流动，许多临安刻本上的刻工姓名往往出现在严州刻本上。

刻书业是宋代的文创产业，不仅有经济属性，也有文化上的属性；既是物质产品，也是一种精神产品。刻书业涉及图书编辑、内容缮写、书版雕刻、书籍印刷、产品销售、成品外运等行业，形成了一条完整的产业链。从严州繁荣的刻书业，我们可以想见当时文人云集、书铺林立、书版山积、书籍外运的种种盛况，刻书业不仅有力地推动了严州经济的发展，也极大地提升了严州的文化氛围，给严州带来了文化上的辉煌。

二、严刻本的版本价值和学术价值

严州是南宋时期刻书的重要产地，所刻多为善本，世称"严刻本"，以"墨黑如漆，字大如钱"、校雠精良、刻印精细驰名，是宋刻本中的上品，在业界享有很高的声誉，受到学者和藏书家的推崇。

陆游幼子陆子遹在严州知州任上刻印的魏野《巨鹿东观集》，当代目录学家魏隐儒给予了很高的评价，赞之为"刻印极精"。

除了书法摹写、雕工精细、墨色浓黑等手工技法上的优良以外，严州刻本还有版本和学术上的重要价值。

据研究，严刻本中的初版本至少有袁枢的《通鉴纪事本末》，陆游的《剑南诗稿》《剑南续稿》和《老学庵笔记》，卫湜的《礼记集说》，方回的《桐江集》，本地官员江公望的《江谏议奏议》，本地学者赵彦肃的《复斋易说》，钱时的《融堂四书管见》，乡邦文献《严陵集》《新定志》《（淳熙）严州图经》《（景定）严州续志》《乡饮酒纪事》等十多种。

初刻本在业界又被称为"祖本"，是后刻诸本的依据，有着极高的版本价值和学术价值。

方志是严州最早刻印的书籍，严州两部宋代方志《（淳熙）严州图经》和《（景定）严州续志》是现存 28 种宋代志书中的两种，在中国方志发展史上有很高的地位。

《（淳熙）严州图经》是我国现存最早的一部有地图的图经，也是现有我省（浙江）方志中继《（乾道）临安志》后最早古本。

《（淳熙）严州图经》刻印于宋孝宗淳熙十三年（1186），为知州陈公亮主修，教授刘文富编纂，收有九张府县地图，其中的州府《子城图》和《建德府内外城图》是现存不多的宋代城图之一，绘制年代距著名的苏州《平江府图》仅三十多年，具有很高的史料价值。

严州版的《（景定）严州续志》刊于景定三年（1262），原本左右双栏，大黑口，双鱼尾。上鱼尾下题书名及卷数，下鱼尾上题叶数。每半叶八行，行十八字。字大于钱，墨浓于漆，为宋刊中之异品。该书收入《四库全书》，四库馆臣给予了较高的评价，认为此书"叙述简洁，犹舆记中有古法者"，并且指出"其'户口'门中，载宁宗杨皇后为严人，而'乡会'门中亦载主会者为新安郡王、永宁郡王。'新安'者杨谷，'永宁'者杨石，皆后兄杨次山之子也"，从而澄清了正史记载的失误，具有可贵的史料价值。

《（景定）严州续志》中特设"书籍"一门，记录了当时严州刊刻的 80 种（实录 72 种）书目，成为后世研究严州刻书乃至宋代刻书的珍贵史料。

在南宋同时期的《郡斋读书志》和《直斋书录解题》两种目录学著作中，已经收有多种严刻本的书目，可见严刻本在当时就已经有很大的影响。

清末大藏书家陆心源的皕宋楼中收有《通鉴纪事本末》《（淳熙）严州图经》《（景定）严州续志》《本事方》《史载之方》等严州宋刻本，他对这些宋版书作了深入的研究，每一部都为之写了序跋，收入《皕宋楼藏书志》《仪顾堂题跋》等书中。民国藏书家傅增湘藏书 20 万卷，精于版本目录之学，所著《藏园群书题记》为目录学名著，其中多有对于严刻本的研究成果。

三、严刻本的几部代表作

严刻本不仅刻印精良，而且具有很高的学术含量，在文化史上产生了较大的影响，如《剑南诗稿》于中国文学史、《通鉴纪事本末》于中国史学史、《礼记集说》于理学史、《（淳熙）严州图经》于古代方志史、《本事方》等六种医书于宋代医疗保健史等，均体现出严刻本的重要价值。

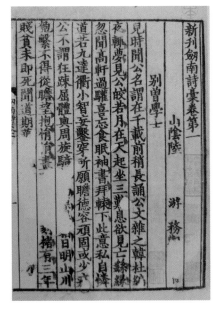

《剑南诗稿》书影　　沈伟富 / 供图

1. 陆游与《剑南诗稿》

陆游是我国古代伟大的爱国主义诗人，也是留存作品最多的诗人。他的创作始终洋溢着抵御侵略、抗击外敌的强烈的爱国主义情怀，在思想上有很高的境界，艺术上也具有很高的成就，是南宋诗坛南渡四大家之一。

宋孝宗淳熙十三年（1186），62 岁的陆游出任严州知州，诗学观已经成熟，在朋友的催促和同事的协助下，完成了诗稿搜集编辑的大量工作，于第二年年底顺利刻印，陆游将诗集命名为《剑南诗稿》，以纪念当年在川陕一带火热的抗敌生活（唐代时这一带属剑南道管辖）。

《剑南诗稿》的出版轰动了南宋诗坛，引起了巨大反响，人们给予极高的评价，老朋友们纷纷来信祝贺，许多文人士子争着向他学诗，其中有同僚和下属，比如，严州都税务郑师尹、建德县知县苏林等；还有专程从外地州府赶来的，如处州人王信，先寄来习作请教，后来又赶赴严州当面请教。这个王信当过绍兴知州，官至中书舍人，是内阁官员，地位重于严州知州；更为重要的是，在是和是战的国策上，王信和陆游都是坚定的主战派，除了切磋诗艺以外，还有重大的国事相商。陆游有诗记曰："大手方司一世文，癯儒何敢望余尘。"表达了自己的惶恐心情。

"去年犯雪到严州，呵笔题诗曳履投。"（赵蕃《呈陆严州二首》）江西人赵蕃冲寒冒雪，二度登门，前来求教。向陆游学诗者络绎于途，一时间严州的声名大噪。对于上门求教者，陆游一概欢迎，不仅来者不拒，还常常周济他们。元人戴表元说："闻翁为州（严州）日，江湖诗客群扣其门，倾箱倒囊施之，无吝色。"（戴表元《桐江诗集序》）

"是故新定郡，得公倍光辉。"（赵蕃《呈陆严州五首》）如同唐代刘长卿的到来添加了"江表诗坛"的热度，催生了睦州诗派的形成一样，陆游在严州的创作活动尤其是诗集的编辑刻印，对于严州的文化建设起到了极大的推动作用，将严州文化推向了巅峰。

《剑南诗稿》问世三十多年后，陆游的幼子陆子遹也踏着父亲的足迹来到严州担任知州，这时，离陆游逝世已经17年。从南宋淳熙十四年（1187）编定诗集《剑南诗稿》，到嘉定二年（1209）逝世的二十多年时间里，陆游又积累了大量的作品，而且诗艺更趋成熟，产量也更加丰富。陆子遹到任后，利用严州良好的刻书条件，编辑刻印了陆游晚年的作品，共得六十七卷，命名为《剑南续稿》，是初集《剑南诗稿》的三倍多。

此前，陆游长子陆子虡在江州刻有八十五卷本的《剑南诗稿》，成为后来通行的陆游诗集。至于陆子遹所刻的《续稿》为何多出二卷，可能如子虡所言，乃当年陆游在严州编集时删下的《遗稿》。

严州版的《剑南诗稿》现在珍藏于国家图书馆的善本库中，成为国宝，列入中华再造善本工程，按原貌重新印制，普通读者可以一睹八百年前《剑南诗稿》的芳容了。

2. 袁枢和《通鉴纪事本末》

《通鉴纪事本末》也是一部收藏于国家图书馆，并且已经被"再造"

的严州刻本。

《通鉴纪事本末》为南宋史学家袁枢编纂。袁枢是带着《通鉴纪事本末》的书稿来严州上任的，在这里完成了最后的编撰工作，一共理出二百三十九个题目，分为四十二卷，并且很快在这里开雕刻印。袁枢之所以放弃京官不做，而要到一个山区州府来做无权无势的州学教授，其中一个重要原因是严州有价廉物美的良好刻书条件。

宋版书以版式清朗大方著称，一般每页排十行，每行二十字。袁枢为了节约开支，每页排十三行，每行二十四字，甚至有二十六字的，在严州刻的《通鉴纪事本末》因此被称为"小字本"或"严州本"。据民国著名藏书家傅增湘先生的统计，全书共计二千八百九十余页（这里的"页"指一块刻板，对折装订后实为现在的两页），约为二百五十万字左右。

《通鉴纪事本末》"因事名篇，不为常格。文省于纪传，事豁于编年；决断去取，体圆用神"（章学诚《文史通义·书教下》），受到朝野一致欢迎。所以在南宋淳熙二年（1175）至宝祐五年（1257）的 82 年间，居然翻刻了四次，平均二十年一次，一部严肃的史书有如此之高的再版率，实在罕见。

南宋宝祐五年（1257），宋太祖十世孙、曾经担任首都临安府尹 12 年之久的赵与𥲅，因喜读袁枢的《通鉴纪事本末》，但又嫌其字小，自己出资刻印了一个大字本，每页十一行，每行十九字，世称"湖州大字本"。因为字大，所以颇受欢迎。赵与𥲅为此颇为得意，在新版序言中，有意无意地抬高自己，贬低原版，说"严陵旧本字小且讹，乃易为大书，精加雠校"云云。

字体大小，显而易见，读者自能辨别；但因小而称其"且讹"，就未免有点草率，甚至有恶意贬低之嫌了。可是又有谁会认真仔细地将二百多万字的两个版本来对校一番呢？于是众人都听信赵与筹之言，多据湖州本重刻翻印，真正的祖本严州小字本反而被边缘化，逐渐淡出书坛，几近湮灭。直到清末藏书之风大兴，大藏书家湖州陆心源将所藏两种版本进行对校，认为严州本"书法秀整，体兼颜柳，讹字极少，远胜大字本。赵与筹以为'字小多讹'，殊不足信"（陆心源《淳熙严州本通鉴纪事本末》跋），这才为严州小字本彻底"平反昭雪"。

民国时期的大藏书家傅增湘也对《通鉴纪事本末》的各种版本做了深入的比较和研究，确认淳熙本"字体方严，摹印清朗，决无挖补之痕。其中缝刊工人名逐页咸具，而字数记在下鱼尾下刊工之上，尤为宋版所稀见。书法劲整，有颜筋柳骨之风，且核对颇审，实出大字本之上"；并对赵与筹的说法表示不满："德渊（赵与筹字）因其字小而改大字可也，必欲诬之为讹，岂公论乎！今两本具在，孰精孰讹，必有能辨之者。"（傅增湘《宋淳熙刊小字本通鉴纪事本末跋》）

傅增湘的公道话，为这场大小字本之争作出了结论。

3. 董弅和《严陵集》

宋高宗绍兴七年（1137），董弅出任严州知州，主持编纂了《（绍兴）严州图经》，这本《图经》后来虽然失传了，但是董弅为这本《图经》作的序言和同时推出的《严陵集》却保留了下来。

为了编纂《图经》，编志人员搜集了大量的诗文资料，但是限于体例，这些文艺性质的诗文难以编入，面对史料价值和艺术价值都很高的资料，弃之可惜，也是对历史的不负责任。于是，董弅决定将这些诗文单独编成一本书，取名《严陵集》。

《严陵集》全书共九卷，前五卷为诗歌，第六卷诗后附赋两篇，七至九卷为各体杂文。

收入《严陵集》中的江公望著作

《严陵集》是严州历史上第一部地方诗文集，在严州文学史上具有开创性的意义；同时也是方志中艺文志的雏形，在方志发展史上具有重要的启迪意义。

董棻为这本开创性的书写了一篇序言，在序言中，他将《严陵集》中的诗歌比之于《诗经》中的国风，将之提到了"因土风而知国俗"的高度，给予很高的评价，议论堂正，大音訇然，令人瞩目。

在序言中，董棻还提到了汉唐以来为严州留下作品的谢灵运、沈约、孟浩然等外来人士，及皇甫湜、方干、李频、施肩吾、徐凝等本土诗人，初步勾勒出了严州文学的发展脉络，显示了董棻卓越的历史眼光和超凡的识见。

《严陵集》还收入了不少"不知其名"和"知名而不见其集者"（《四库全书总目提要》）的作品，提升了这本书的价值。

序言中还特地提到了西汉名臣朱买臣，称其为"前代朱太守，以文学备应对之臣于西京"，将之与本土作家皇甫持正、方雄飞、李德新、施肩吾、徐凝等人相提并论，为朱买臣的身世行藏提供了坚实的证据。

董弅博学多才，除了《（绍兴）严州图经》以外，他还在任上刻印了《世说新语》《大字刘宾客集》等书籍。

4.《艺文类聚》

《艺文类聚》全书一百卷，是严州宋刻本中篇幅较大的一部。《艺文类聚》成书于唐朝初年，由弘文馆学士欧阳询领衔主编，是历史上编纂较早且又完整保存至今的大型类书，严州刻本是该书唯一存世的宋刻本，弥足珍贵。

类书相当于现代的百科全书，搜集大量的文献资料，分类编纂，篇幅浩繁，工程浩大，由朝廷牵头编纂刻印。《艺文类聚》分四十六部，列子目七百二十七，引用各类古籍凡 1431 种。其中所引古籍十分之九已经失传，这更加提高了这本书的学术价值。

据《中国版刻图录》介绍，该书严州本每页 14 行，每行 27、28 字不等，按此推算，全书需雕刻书版一千八百多块（两页一块）。每一块书版都需要手工书写、雕刻，其工程之浩繁为当代人所难以想象。

严州本《艺文类聚》为唯一的传世刻本，元代没有翻刻，很可能终宋元两代严州本都是唯一的通行本。

明末崇祯十年（1637），自号屠守老人的校书家冯舒借到一部宋刻严州版的《艺文类聚》，他费时一百天，细校一过，誊于明嘉靖刻本之上，后人称之为"代宋本"。冯舒据以校勘的严州本不久毁于一场火灾，人们以为宋本已然绝响。谁知三百多年后，也就是 1959 年，上海图书馆在清理馆藏图书的时候，却意外地发现了一部南宋绍兴年间严州刊刻的《艺文类聚》，共九十一卷，国宝显身，成为轰动当时出版界的大事，解决了学术研究上的一个大难题。上海古籍出版社据此本影印出版，使得这部宋代古籍泽惠万千读者。

5.《本事方》和严刻本医书

宋代八十多种严刻本中有六种医书，多为当时的权威医学著作。医书的刻印透露出了当时崇文重医、珍爱生命的社会风气，也可以看出严州的社会氛围。

"医相同尊，治人犹如治国。"朝廷设太医局管理医学教育，注重培养医学人才，医学考试和科举考试同时举行，国家以文武艺入官。崇文重教的国策为儒医的发展提供了丰厚的土壤，许多文人士大夫走上了岐黄之路。"不为良相，便为良医"，是青年范仲淹树立人生志向时掷地有声的回答。宋代尚医之风大盛，医生的地位很高，涌现出了一大批敬业的儒医，严州医书中的《本事方》和《史载之方》便是当时的名医许叔微和史载之的作品。

《本事方》又名《类证普济本事方》，是名医许叔微晚年时仿照唐代孟棨《本事诗》的体例编撰而成。

许叔微（1079—1154），字知可，两宋之际真州（今江苏仪征）人。十一岁时父母因感染时疫，在百日内相继离世，"痛念里无良医"，于是走上了学医之路。五十三岁中进士，曾任翰林学士，见国事不可为，辞官隐居，与抗金名将韩世忠友善，韩为其题"名医进士"匾额相赠。

《本事方》共十卷，初刊于南宋绍兴二年（1132），是许氏数十年医疗经验的结晶，收录方剂三百余首，按病种分为二十五门，每方皆阐明来历、治验，有较高的实用价值。

许叔微对张仲景的《伤寒论》深有研究，著有《伤寒百证歌》《伤寒发微论》《伤寒九十论》等专著，被后世尊为经方派创始人之一。

史载之，名堪，眉州（今四川眉山市）人，政和进士，官至郡守，生卒无考，大约生活于北宋末年。医名与许叔微相伯仲，闻名于世。著有《史载之方》及《史氏指南方》等医书。

《史载之方》共两卷，凡31门，90余首，每门各有论述在前。"所论常见疾病，涉及内、外、妇、儿各科，尤重疫毒痢等传染性疾病。""本书十分重视医理的阐发，尤重脉诊。强调脉证结合，反映了宋代脉学发展的概况。"（《史载之方·内容提要》）

史载之在北宋名重一时，《史载之方》刊行后，反响良好，其医方当时就为众多名家作为方书收录。

清代大藏书家黄丕烈曾经以30两白银的价钱购得宋版《史载之方》，然后加以修补装裱，最后合计书价，"几几乎白金三星一叶矣"，可见宋版书价值之昂。

史载之得名虽然是凭借自己的实力，但是也和一位实力派有关。

据宋人施彦执《北窗炙录》记载，北宋权臣蔡京有便秘之症，因为不肯服用通便的大黄，所以请了很多医生都看不好，十分痛苦。史载之知道之后，就主动前往，要给他治病。搭脉之后，史载之向蔡京要20文钱买药，蔡京不相信这点小钱能治好他的痼疾。史载之说，我拿这20文钱买紫菀。买来后将它切成碎末，让蔡京吃了下去，大便很快就通了。蔡京大惊，连称"神医"。向他请教为什么花了这么点钱就能治好这个难治的病。史载之说，大肠是由肺气传送的，大人便秘是因为肺气浑浊不通，而紫菀能够清肺气，所以一吃下去就见效了。

只用20文钱就治好了蔡太师的病，解除了他的痛苦，可谓手到病除，史载之的名气一下子传开了。

中国是诗的国度，严州刻本中多诗文集，其中诗集就有23种，占总数 82 种的四分之一强，对于诗歌的传播和发展起到了良好的作用。继唐代"睦州诗派"之后，严州又相继涌现出了不少诗人，诗风不绝，文脉悠长。宋元时期，南戏已经在严州流行，并且出现了"四大南戏"之一《杀狗记》的作者徐畛。明清以后，又孕育产生了婺剧徽班和睦剧等地方剧种，出现了赵起杲、袁昶和胡念修等刻书家，诞生了青本《聊斋志异》《唐诗三百首注疏》《渐西村舍丛书》《刻鹄斋丛书》等文学名著，这里面都可以看到严州宋刻本的影响。

四、严刻本书目

宋代刻书内容以儒家经典为主，兼顾诸子百家，严州刻书也同样。据《（淳熙）严州图经》《（景定）严州续志》的记载，宋代严州刻书种数超过八十种，现依据传统的四部分类法及十三经的排列顺序，分列于下：

1. 经部

《尚书说命讲义》二卷，《宋史·艺文志》吴安诗等撰。

《尚书无逸讲义》一卷，《宋史·艺文志》司马康等撰。

《仪礼注》十七卷，汉郑玄注。

《朱文公家礼》六卷，朱熹撰。《直斋书录解题》有《朱氏家礼》一卷。

《礼记集说》一百六十卷，卫湜编纂，南宋嘉熙四年（1240）刻。

《玉藻讲义》作者、卷数不详。

《阃范》十卷，吕祖谦撰刻。《直斋书录解题》："集经、史、子、传，发明人伦之道，见于父子、兄弟之间者为一编。时教授严州，张南轩守郡，实为之序。"

《乡饮酒纪事》一卷，南宋景定二年（1261）钱可则撰。《（景定）严州续志·乡饮》："景定辛酉，今侯钱可则以正月甲午舍菜于先圣先师。祀毕，序拜齿饮会者五百有十人。郡人黄岩为宾，推高年者为老。饮毕，馈宾老以币。有《纪事》一卷，校官郑瑶为之序。"

《周子太极通书》，周敦颐撰。《直斋书录解题》作"《周子通书》一卷、《太极图说》一卷"。

《复斋易说》六卷，赵彦肃撰，南宋嘉定十四年（1221）许兴裔刻。

《已易》原无作者、卷数，《宋史·艺文志》署为一卷，杨简撰。

《六经正文》卷数、刊年不详。《直斋书录解题》："《六经正误》六卷。柯山毛居正谊甫校监本经籍之误所欲刊正者，魏鹤山为之序而刻传之。"

《春秋后传》二十卷，陆佃撰。

《春秋后传补遗》一卷，陆宰撰。

《胡氏春秋传》三十卷，胡安国撰，南宋绍兴十年（1140）刻。

《胡氏春秋通书》一卷，胡安国撰。

《谢先生论语》十卷，谢良佐解。

《尔雅新义》二十卷，陆佃撰。

《语孟正文》卷数、刊年不详。《直斋书录解题》有《语孟集义》三十四卷，朱熹撰。

《融堂四书管见》十三卷，钱时撰，南宋景定二年（1261）知州钱可则刻。

2. 史部

《严州本史记》卷数、刊年不详。

《通鉴纪事本末》四十二卷，袁枢编撰，南宋淳熙二年（1175）刻。

《南史》八十卷，唐李延寿撰，南宋淳熙十五年（1188）陆游重刻。

《唐鉴》二十四卷，范祖禹撰，吕祖谦注。《直斋书录解题》："祖禹与修《通鉴》，分主唐史。"作十二卷。吕祖谦作注，乃分为二十四卷。

《开元天宝遗事》二卷，五代王仁裕撰。

《高宗圣政草》一卷，陆游撰。

《睦州旧经》卷数、编纂者不详。

《（大中祥符）睦州图经》卷数、编纂者不详。

《新定志》八卷，南宋绍兴九年（1139）董弅修。

《（淳熙）严州图经》九卷，南宋淳熙十三年（1186）陈公亮修，刘文富刻。

《（景定）严州续志》十卷，南宋景定二年（1262）钱可则修。

3. 子部

《鹖冠子》三卷，陆佃解。

《鹖子》十五篇，陆佃校。

《二典义》一卷，陆佃著。

《艺文类聚》一百卷，唐欧阳询编纂。

《程氏遗书》原无作者、卷数。《直斋书录解题》："《程氏遗书》二十五卷、《附录》一卷、《外书》十三卷。朱熹集录二程门人李籲（吁）端伯而下诸家所闻见问答之语，附录行状、哀辞、祭文之属八篇。《外书》则又二十五篇之外所遗者。"《四库全书总目·儒家类》作《二程遗书》，二十六卷，程颐、程颢撰。

《师友问答》，原无作者、卷数，应为朱熹所撰。

《近思录》十四卷，朱熹、吕祖谦撰，钱可则刻。《直斋书录解题》："《近思录》十四卷。朱熹、吕祖谦取周、程之书关于大体而切于日用者六百九十条，取'切问近思'之义，以教后学。"

《近思续录》十三卷，蔡谟纂，钱可则刻。《郡斋读书志》作《续近思录》十四卷。"宝庆丁亥蔡模纂晦庵先生之语以续之。"

《朱文公小学书》原无作者、卷数。《郡斋读书志》作"《小学之书》四卷，朱文公先生所编"，《宋史·艺文志》作"朱熹《小学之书》四卷"。

《定肃颜公语言集》作者、卷数均不详。

《关化书》无作者、卷数。《直斋书录解题》作《化书》，六卷，入杂家，南唐宰相庐陵宋齐丘子嵩撰。

《洛阳名园集》，《郡斋读书志》作《洛阳名园记》一卷，李格非撰。

《本事方》十卷，许叔微撰。

《史载之方》二卷，史载之撰。

《史氏指南方》二卷，史载之撰。

《卫济方》一卷。《直斋书录解题》作《卫济宝书》，东轩居士撰。

《产宝方》一卷，作者不详。《郡斋读书志》作"《产宝》二卷，唐昝殷撰"。

《痈疽方》作者、卷数不详。《宋史·艺文志》有"王蘧《经效痈疽方》一卷"，疑为是书。

4. 集部

《世说新语》十卷，刘宋刘义庆撰，南宋淳熙十五年（1188）陆游重刻。

《唐御览诗》一卷，唐令狐楚编，陆游校。

《唐柳先生集》卷数不详，唐柳宗元撰。

《皇甫持正集》六卷，唐皇甫湜撰，陆游编校。

《大字刘宾客集》三十卷，唐刘禹锡撰，南宋淳熙十四年（1187）

陆游重刻。

《窦氏联珠》即《窦氏联珠集》，五卷，唐褚藏言辑。

《西岳集》三十卷，唐贯休撰。《直斋书录解题》案："《禅月集》十卷，《唐诗纪事》作《西岳集》十卷，《文献通考》作《宝月诗》一卷。此本作《禅月集》者，贯休号禅月上人，因名其集也。"

《西昆酬唱集》二卷，杨亿等撰。

《咸平集》原无作者、卷数，《直斋书录解题》作"《咸平集》五十一卷，右谏议大夫汉嘉田锡表圣撰"。《宋史·艺文志》署田锡撰，三十卷。

《潘逍遥集》一卷，潘阆撰，南宋绍定元年（1228）陆子遹刻。

《横渠集》卷数不详，张载撰。《郡斋读书志》有《张横渠崇文集》十卷。

《陶山集》二十卷，陆佃撰。

《徂徕集》，《直斋书录解题》作"《徂徕集》二十卷，国子监直讲鲁国石介守道撰。陆子遹刻于新定"。

《清真集》原无作者、卷数，《直斋书录解题》作"《清真集》二十四卷，徽猷阁待制钱塘周邦彦美成撰"。

《清真诗余》卷数不详，周邦彦撰。《直斋书录解题》作"《清真词》二卷、《后集》一卷。周邦彦美成撰"。

《江谏议奏议》卷数不详，江公望撰，南宋淳熙十三年（1186）陆游编刻。

《七里先生自然庵诗》七卷，江端友撰。

《南轩先生文集》四十四卷，张栻撰。《郡斋读书志》："《南轩先生文集》四十四卷，张宣公栻字敬夫之文。"

《剑南诗稿》二十卷，陆游撰，南宋淳熙十四年（1187）陆游刻。

《剑南续稿》六十七卷，陆游撰，南宋宝庆二年至绍定二年间（1226—1229）陆子遹刻。《直斋书录解题》作"《剑南诗稿》二十卷、《续稿》六十七卷，陆游务观撰"。

《老学庵笔记》十卷，陆游撰，陆子遹刻。

《巨鹿东观集》十卷，魏野撰，南宋绍定元年（1228）陆子遹刻。

《东里杨聘君集》一卷，杨朴撰，南宋绍定元年（1228）陆子遹刻。

《桐江集》六十五卷，方回撰。

《省事老人集》卷数、作者不详。

《陈宋集》卷数、作者不详。

《顺庵集》卷数、作者不详。

《千岩集》卷数、作者不详。《直斋书录解题》有《千岩择稿》七卷、《外编》三卷、《续编》四卷。署"知峡州三山萧德藻东夫撰"。

《严陵集》九卷，董弅南宋绍兴九年（1139）编刻。

《严陵别集》卷数、作者不详。

《钓台诗》卷数、作者不详。

《钓台别集》卷数、作者不详。

《钓台续集》卷数、作者不详。《直斋书录解题》作"《钓台新集》六卷、《续集》十卷。郡人王勇集，续者郡守谢德舆子尚也"。

上述 82 种书籍中有道家著作、杂家著作，但无佛教著作，在一定程度上反映了当时严州的社会风气。

富春山水　黄敏／摄

第六章

桑麻遍野　谷麦盈丘

——宋代严州经济

宋韵严州

　　两宋时期，是中国最富裕的时期之一，国家银库充盈。北宋徽宗在位时期，"时承平既久，帑庾盈溢"；南宋孝宗淳熙末年，国家全部收入达到8000余万贯（1000文一贯），国库里的钱往往因多年不动，致使穿钱的绳缉腐烂、散串而无法清点。正是因为国家财政收入的富足，才能应付周边各类"岁币纳贡"，以金钱财物换取相对和平才能成为可能。北宋时期，一方面澶渊之盟后，宋王朝给辽国以"岁币"，另一方面也给予西夏大量赏赐。而到了南宋绍兴十一年（1141），宋金两国签订《绍兴和议》，南宋王朝以臣弟之国的身份，向金国纳贡银25万两、绢20万匹，所给财物称之为"贡银""贡绢"。到宁宗嘉定元年（1208），又以臣侄身份增至30万两、30万匹。所有这些，都需要强有力的财富国力为支撑。

　　两宋版图较前朝汉晋隋唐各代800万平方公里以上面积，已大为缩小，北宋为280万平方公里，南宋仅为200万平方公里，但掌控之地基本为经济发达地区。特别是南宋时期，作为全国17个路（254个州府）中的一路，浙西路虽地处山区，但仍属于经济发达地区，以其独特的经济发展方式，为国家的经济发展和社会稳定作出了贡献。但"国富民穷"是浙西路（包括严州）经济的基本面貌。钦宗宣和元年（1119），全国17路上供钱物总数为1504.24万贯（匹），其中两浙路443.58万贯（匹），占比达到29%。睦州人民相对于杭州等地，五赋两税负担重，特别是丁口之赋，睦州每丁纳钱695文，是温州、台州250文的2.78倍；在国家规定的人民家庭财产五类标准中，位于最低一级，其中寿昌县为10贯，比新昌、嵊县的15贯，富阳的13贯，还要低。官民矛盾始终尖锐，这就进一步强化了严州地区的彪悍民风。

为了巩固新政权，北宋建立初始，在文官治理体系下，高度重视发展经济，并迅速提高到一个前所未有的水平。各州（府）结合自身条件，走出了适合自己的特色经济道路。

一、宋代严州的特产

北宋朝廷在种植粮食之外，还大力提倡鼓励发展多种经营，广植杂木果蔬，并发展家禽畜牧业。

宋代土地兼并严重，两浙人民土地更少，但两浙的粮食上供负担，又是全国各路之首，严州自然被迫"水涨船高"。南宋孝宗乾道五年（1169），严州知州张栻经调查后将情况汇总，委托严州州学教授吕祖谦写成具奏朝廷的《为张严州乞作免丁钱奏状》，其中对严州地区地理面貌描述为"地形阻隘，绝少旷土；山居其八，田居其二；涧曲岭隈，浅畦狭垅"，因此"苗稼疏薄，殆如牛毛"，故而"细民崎岖，力耕劳瘁，虽遇丰稔，尤不足食"；严州11万人口在很长一段时期内，做不到粮食自给，"惟恃商旅搬贩斗斛为命"。要完成国家皇粮（主要是稻谷和麦子）征缴任务，只能因地制宜发展特种经济。如酿酒和粮食兼用的荞麦，陆游曾赋诗描写严州小麦收获的场景："城南城北如铺雪，原野家家种荞麦。雪晴收敛少在家，饼饵今冬不忧窄。"《（绍兴）严州图经》载："旧经云，山高水深……惟蚕桑是务，更兼蒸茶割漆以邀商贾懋迁之利。"经过较长时间的培育，农业经济形成了严州特产，如茶叶、桑麻、生漆等，或直接纳贡抵税，或通过商贾贩运销售实现收入，或与周边婺州（今金华市）协调，共同完成任务。

1. 茶叶

唐代陆羽《茶经》将全国产茶区分为八大茶区，其中浙西茶区包括睦州所辖的建德、淳安、遂安等地。北宋时期，两浙十二个州均出产茶叶，其中部分名茶作为皇宫贡品。睦州名茶主要有：淳安县鸠坑细茶（毛尖类），建德县罗村天井源雀舌茶（形同麻雀舌头，为芽茶类）、分水县歌舞天尊岩芽茶，淳安县严家大方茶。上述四种名茶均为皇宫贡茶，以睦州鸠坑茶最早闻名，在唐代即有记载，《茶经》称"睦州贡鸠坑茶"。《新唐书·地理志》记载：睦州"土贡"有文绫（高档纺织品）、簟（竹制席子）、白石英（做药材或药引）、银花（做药材）、细茶（指以细嫩芽茶叶经过烘焙制成的散茶，形制类似现今针式茶千岛银珍茶）共五种。五代十国时期毛锡文《茶谱》也称"睦州土产鸠坑团茶产于睦州""睦州之鸠坑极妙"。而睦州首县建德，全境地理分布为八山一水一分田，具有四季分明、温润多雨、光照充足的气候特点，非常适合茶树的生长，更使得建德成为唐代浙西茶区的核心区域之一。茶农生产茶叶，自制粗茶、茶末、茶饼，作为主要的农业商品销售，使其成为粮食生产之外的重要经济产业。从宋代建国五六十年后，严州一直是两浙路产茶最多的州（府），"产茶浩大，居民例以采摘为衣食"（叶梦得《奏乞免严州遂安等三县二税和买状》）。

茶叶经济扩大了城乡交流，推动了以州城为中心的城镇商业业态繁

之江茶园　沈光炎／摄

荣。随着茶叶生产的发展，宋代饮茶习俗从士大夫阶层向民间百姓普及，州治内娱乐场所"瓦子"，附设茶座、茶摊，士农工商均可为客。尤其是进入南宋后，作为京畿辅地的严州，经济文化得到空前的发展和繁荣，州城主要商业街两侧酒楼茶肆林立，饮食、娱乐和饮茶的结合，促进了市井茶馆业的发展，也提高了山区农民从事茶叶生产的积极性。北宋仁宗景祐元年（1034），范仲淹知睦州军，作《潇洒桐庐郡》十咏，其中有"潇洒桐庐郡，春山半是茶。新雷还好事，惊起雨前芽"。睦州地域竟然半数山有茶种植，可见睦州茶园面积之广泛，春茶产业之兴盛。

宋太祖乾德二年（964），朝廷开始实行茶叶专卖和课税。沈括《梦溪笔谈》载："乾德二年，始诏在京、建州、汉、蕲各置榷货务。五年，始禁私卖茶。"按照榷茶的规定，朝廷在各主要茶叶集散地设立管理机构，称"榷货务"，主管茶叶流通与贸易，在主要茶区设立官办茶场，称"榷山场"，主管茶叶生产、收购和茶税征收。朝廷对各州产茶地产茶每年产量予以定额（类似今天的订单生产），多出的叫"余茶"。榷茶法禁止各产茶区茶叶进行任何贸易，茶农生产的茶叶除自用外，必须全部按照官价卖给官府。北宋仁宗嘉祐年间（1056—1063），改为向茶园经营户收租，商人可以经营茶叶，朝廷向茶农征税。徽宗崇宁元年（1102）实行《茶引法》，商人经营茶叶要先缴纳茶价和税款，领取"国家茶叶专卖许可证"——茶引，凭"引"运销，数量、地点都有限制。产茶区及其周边地区的居民如果想购买食茶，也必须到官府设立的"食茶务"缴纳"引钱"后方可购买。"引钱"收入作为国家对茶叶经营的课利，对保证朝廷财政开支、军需，特别是用于西北边境向少数民族购买军马，发挥了重要的作用。南宋严州城里设有"都税务"，管理全州税务征缴事宜，设"东税务"机构并在"东津渡"（今梅城东馆一带）设关卡，征收经建德县进出的茶叶交易税。东津渡自唐代以来，一直是外地货物进入睦州及睦州货物出口外地的征税点。州衙则设"帐茶虞"一职，专门管理与茶叶有关事宜。

北宋真宗景德年间（1004—1007），婺州永康人胡则出任提举两浙榷茶事（办事处设在杭州），兼知睦州军。胡则为官清明，对百姓极为体恤，今永康方岩所供"胡公大帝"，即为胡则。胡则到任后，奏明朝廷，依照之前朝廷定制但未在严州落实的政策，拨库帑给睦州六县茶农，广种茶叶，卖茶叶（只能卖给官府）时再予以结算，谓之"茶本钱"。贫苦农民得到茶本钱，扩大茶叶种植面积，绿茶产量得到较大提高。胡则全力组织将杭州、睦州两地茶叶运往京都汴京进贡宫廷，也在中原市场上销售，睦州茶叶的品位和知名度很快得到提高。可以说，胡则对发展两州的绿茶生产、繁荣城乡经济，起了独特的促进作用。

《（淳熙）严州图经》记载：绍兴己未年（1139），睦州茶商批发茶额为251.84万斤，共收入引钱42.69万文；住卖（茶叶产地消费）6100斤，引钱收入1000文；其中，建德县茶商批发茶额为46.41万斤，共收入引钱7.77万文，均占睦州总量的18.4%；住卖（茶叶产地消费）2100斤，引钱收入357文，分别占睦州总量的34.4%、35.7%。因此，茶叶产业已成为宋代建德县农民重要经济来源，也为后世建德（包括寿昌）县继续发展并成为全国重点产茶县打下了良好基础。

2. 桑麻

吴越钱镠时期，两浙积极鼓励养蚕种桑，尤其是浙西山区地带，受有限耕地资源限制，绝大部分农民在生产上不能满足上缴税赋和生活所需，这样就必须在粮食耕作之外，发展其他经济作物。进入北宋，蚕桑和麻类纺织，成为严州农民发展经济作物的首选，并在南宋得到极大发展。

在《为张严州乞作免丁钱奏状》中，张栻和吕祖谦清晰地分析了严州地域山多田少，且多山间溪涧，沿岸土地浅薄，面积狭窄，实不宜稻麦耕作的实际情况。但严州农民因地制宜，广种蚕桑、苎麻。此两种经济作物，对土壤肥力要求不高，最适合充分利用河滩沙洲地种植。因此，严州官府因势利导，鼓励农民开垦荒地植桑种麻，并沿袭五代十国后梁时期的做法，县衙要求每一男丁种桑15株，女丁减半。睦州之地桑麻种植迅速见效，"一年蚕四五熟，勤于防治"。养蚕业成为油菜籽、苎麻之后第三位的重要经济活动。范成大在杭州至严州的路上，看到严州境内蚕农晒茧的情况是"隔篱处处雪成窝"，蔚为壮观。

农民植桑饲蚕，收茧缫丝，织以成绢（宋代最常见和最普通的丝织品，多由民间生产，由于质地致密，常用于画家作画）、绅（以蚕丝纺织而成，质地厚重，为普通民众制作成衣的主要原料，后称"绸"）或者直接生产生绅线，成为高档商品，主要用于完税。剥麻漂纱，织成布匹，或为自用，更多的是进入市场交易。尤其是苎麻，栽培条件要求简单，不占耕地资源，山脚地头均可，一年可以收割三茬。苎麻纤维细长，拉力强，耐水浸，在化学纤维出现之前，一直是渔业生产上的重要物资；织成布匹成衣后，透气性好，传热快，不易受霉菌腐蚀和虫蛀，在自给自足的农耕经济社会，苎纱是纺织的上等原料，可纺织制成夏布（土布）、蚊帐布、衣裙、纳鞋底线、布袜等日常生活用品，经精细加工的白苎布，除了作为常规的宫廷贡物，更作为市场紧俏商品受到欢迎，"商人贩妇，往往竞取以与吴人为市"，实现高效经济价值，有效弥补了农民因耕地资源稀少、粮食不足而导致经济收入少的短板。苎麻也成为严州农民经营的主要产业，其中今寿昌、大同两镇的童家、石屏、李家为苎麻重点产区。

在官府层面，桑麻业所产绢、布作为地方土特产进贡朝廷，或以"和预买绢"制度（宋代官府向民间买绢的方法，简称"和预买"。官府向人民买绢，作为有偿购买，初期，官府支付以盐代替，给盐七分、钱三分。到后来，既不给盐，也不给钱，强要人民纳入绢绸。至南宋高宗初年，改征绢实物为以部分或全部折合钱款缴纳，称为"折帛钱"，所折价格由朝廷规定，远远高于市场价格，成为人民的沉重负担），作为地方纳税实物。《（淳熙）严州图经》载：淳熙年间，严州每年以"土贡"名义向宫廷内室纳白苎布 10 匹、绢 20 匹；作为国家夏税，上缴绢 4.57 万匹、绅 1.43 万匹、绵 2.61 万匹；作为"和预买"，每年上缴 5.77 万匹、绅 2.25 万匹、丝 2.5 万两、生绅线 5000 两。其中，建德县土贡绢 3 匹、白苎布 1 匹；夏税上缴绢 4660 匹、绅 1376 匹、绵 2650 两；"和预买"上缴绢 1.17 万匹、绅 3226 匹、丝 5000 两、生绅线 800 两。上述各色产品完税或纳贡任务完成情况，成为上级考核官府、官府考核所属各县的重要指标，因此，官方丝毫不敢懈怠，在受灾年份还采取措施，鼓励和扶持农民植桑种麻。南宋宁宗嘉定二年（1209）、八年（1215）夏季，严州两次大旱数月之久，粮食绝收，朝廷命严州百姓加大麻类和豆类补种，并且强调免缴地租。农民也不敢轻易欠税，稻麦粟稷等常规农作物与桑、麻、漆、莲特产经济长期并重。

由于睦州耕地资源少，本属严重缺粮山区。所产粮食，既要首先满足百姓基本生存所用，又要完成皇粮国税上缴任务，往往捉襟见肘。而相邻的婺州，因地处金衢盆地，所产粮食有余而税物不足。同时，朝廷为了解决军饷问题，于仁宗皇祐年间（1049—1054）制定一项变通解决办法。由睦州拿出 3.6 万匹绢，代替婺州上缴户部，由婺州调拨 1.5 万石粮食给睦州充作军饷。因绢织品由户部直接掌握，每年按时上交，一般不会发生、也不允许拖欠。但婺州调拨睦州的粮食，因主动权在婺州知州手里，受不可预知情况影响，经常发生拖欠，有时拖欠的时间还很长。虽然睦州曾多次向上级申诉，但因两州行政机构级别相同，睦州对此也是无可奈何。到南宋景定元年（1260），已经累计拖欠 2.83 万石，还不计当年应该调拨的 1.5 万石。新任严州知州钱可则请奏朝廷后，"圣旨令严州于岁额代婺绢内，截留一半一万八千匹，自市米充军食，仍以一半绢解户部，婺州也令解绢一万八千匹，补足户部元额，却与免拨米还严州"（《（景定）严州续志》卷二"军饷"），此事才得以解决，但已历时两百余年，其间属于北宋时期的六七十年间，睦州农民因此额外加重了负担，成为北宋末年方腊起义的重大诱因。

3. 严漆

严漆是严州生漆的简称。漆，分为生漆、熟漆。生漆是指直接从漆树植株上采集下来的脂汁，熟漆是指根据具体的生产工艺要求，提炼而成，部分也指与桐油配置后复合工艺要求的漆，也称"大漆"。除严州之外，尚有天台、新昌等地，也为漆的重要产地，但质地以严州为佳。严漆素有"涂料之王"的美誉。

严漆是中国传统漆器的重要原料。我国的漆树栽种历史悠久，漆汁割采、提炼工艺先进，质量优异，色泽红艳，漆膜坚韧光亮，经久耐用（耐热、耐油、耐水），用它涂刷木器家具，光亮如镜，百年不褪，在唐代就被列为官府征税实物之一（其他还有丝、茶、蜜、蜡、纸等）。旧时长期有"严漆徽木"（安徽省徽州的木材）之说。除宋代之外，在之后的元、明、清诸朝，严漆皆列入贡品。

栽培漆树不需要肥沃的土地，弱酸性的紫砂土最为适宜。严州建德、淳安境域，此类土壤分布极广，因此，宋代严（睦）州各县农民，在经营稻麦桑麻之余，利用山湾中缓坡地种植漆树，这在《（淳熙）严州图经》中都有记载。因品种、产地、气候、采集季节不同，生漆质量差异很大。今建德梅城、乾潭、大洋等地的丘陵缓坡地带，地理条件非常适宜漆树栽培，气候温和湿润，光照充足，降水丰沛，为漆树生长提供足够的阳光和水分，保证了漆脂汁液丰富。因此，严漆通常又专指建德生漆。

宋代严州各县漆园广布，漆树发展很快，漆农人数也迅速增加。严漆栽培采取从成年漆树上挖取富营养根块繁殖育苗再移栽的方式，一般移栽五年后即可投产，每株产量一般有四两，高的可达五两以上。漆树一般采割五年后即报废，树势健壮者可延长到六至七年，故有"种五年，割五年"之说。因此，严州山民也和漆树配套种植三年即可采收的油桐，桐油既可做照明之用（称"青油"），又可以调配生漆成为熟漆。每到割树采集漆汁的季节，漆农就需要雇用割漆工帮助收获。仁宗在位时期，睦州割漆工规模一度多达一万余人。严漆采割，一般在芒种后天气渐渐炎热时开始，为保证原汁液不受阳光照射影响黏度，通常在凌晨两三点即出门，日出雾散时收工，持续到秋分后停止割漆，跨时四个月左右。因此，割漆工辛苦异常。

北宋末年，徽宗在位，朝廷向民间索征的"纲"（北宋时期，全国各地货物运往京师开封，均要编成组，一组就称为一纲）名目繁多，作为名贵涂料的严漆，也在其内。官府催缴之命一日三达，睦州漆农负担格外沉重，苦不堪言。宣和二年（1120）秋，睦州青溪（今淳安）人方腊因"有漆园，造作局官屡酷取之"（《续资治通鉴纪·宋纪九十三》），在自己的漆园中率众擎旗起义，追随的民众中就有大量的割漆工。方腊起义撼动东南六州五十二县，在一定程度上动摇了宋王朝的根本，使之在之后短短的数年内，迅速崩溃于金国的南侵而亡国。严漆经济俨然成为隐藏的导火索。

4. 白莲

白莲是宋代严州农业特产之一，作为成规模经营的产业，则基本限于寿昌县，尤指今大慈岩镇与兰溪、龙游交界的里叶一带。

严州栽培莲荷起于唐代，初始仅为观赏，并未形成经济产业。据《严陵志》记载：睦州城内荷池"在州宅，自唐有之""在城东北偏旧子城上，诸峰拱秀，其下有松关，北为荷池，东为潺湲阁，西为木兰舟"，北宋景祐元年（1034），范仲淹知睦州时，留下了"潇洒桐庐郡，千家起画楼。相呼采莲去，笑上木兰舟"诗句，描绘了睦州城居民呼朋唤友一起赏莲的欢快场景。

早期的莲子栽培，多在浅水田里，少数利用房前屋后的池塘、水渠；莲藕的品种以白花莲为主，之后有观赏性更胜一筹的红花莲，但莲子质量以白花莲为优。

由于莲荷兼具粮食、药物功能，很快在睦州辖县引种推广。其中，寿昌地域的今里叶、航头、檀村一带，由于水田多为透气性好、有机质丰富的各类砂田，引种白莲后成为莲荷栽种高产区。莲子一年一熟或两年三熟。从下种至收获莲子，一般周期为 8 个月，亩产 30 千克左右。又因地处富硒地带（现代科技检测，该地区每千克土壤含硒 0.26 毫克，所产莲实每千克含硒量为 0.23~0.26 毫克），品质上佳。表现在粒大实圆、色泽光亮、炖煮易熟、久煮不烂、香气浓郁，又兼有"补脾、养心、固精"等良好药用价值，因而迅速成为寿昌县农业经济作物新宠。市场上以"寿莲"与江西广昌县的"广莲"相媲美。

及至南宋，宁宗皇后杨桂枝（1158—约 1229，严州籍人）之侄杨谷被封为新安郡王，因其家乡是建德（今洋溪），严州衙署遂将里叶白莲送进皇宫，很快被钦定为皇室贡品，并一直成为后世各代严州最重要贡品。明代宫廷御膳中有味"八珍汤"，其首味食材就是里叶白莲。又因莲芯微苦，入药开胃可振食欲，自明永乐二年（1404）始，严州府每年纳贡莲芯五十斛（明代 1 斛约 60 斤）。清末太平天国运动以后，部分从福建、江西迁来的移民，带来了更多的莲子品种，丰富了寿昌白莲的产品层次。至今，莲子产业仍为建德高效特色农业主导产业之一，里叶白莲成为国家地理标志产品之一。所有这一切，宋代为此起到的基础作用，显然不可忽视。

5. 严州青石

作为矿产资源，宋代严（睦）州境内有铜、石英和建筑用原石材料——青石。铜矿开采和食盐、铁矿一样，实行国家专营，石英作为药材原材料或药引，进贡皇宫内廷，数量不大，对百姓并不直接产生经济效益。唯有以严州命名的青石资源，其开发利用，成为宋代严州农业经济以外的独特地方产业，具备现代第二产业中的"采掘业"的意义。

严州青石外输，上至北京，下至越南，北京人称之为"帝王石"，上海人称之为"茶园青"，广东人称之为"皇后石"，越南人称之为"水见花开石"，充满了神秘色彩。

严州青石质地坚硬，浑厚凝重，色呈清灰，色调均匀，耐酸耐碱，不易风化，具有很高的抗压性。一般青石质量为1000~2600千克/立方米，而严州青石普遍达到2800千克/立方米，密度高，分量重。其表面粗糙而不滑腻，是水泥出现之前最重要的建筑材料。严州青石资源储量较大的分布点在淳安县茶园、建德县三都凤凰和航头石井山、桐庐县钟山。其中以淳安县茶园朝山和龟山青石最为著名。此处矿点开采最早，起于唐末宋初，至宋代盛兴一时，所产"茶园石"遍布浙东、浙西两路。严州青石

用严州青石做的民居门面　沈伟富/摄

由商人专营，通过水运，运往州城（今梅城）、都城（今杭州）销售，远的还达温州、绍兴，甚至逆水而上，销往新安江上游的徽州。严州青石广泛用于屋宇梁柱，桥梁的架板、桥墩、桥体块件，城市街巷路面，各类石雕及庄严的牌坊等礼制类建筑。用茶园严州青石凿的人物景观、花草五谷、飞禽走兽，栩栩如生，经久不朽。使用者大多为官方和富人，其用量往往很大，开采和贩运青石材，成为有利可图的行业。

严州青石在取得较好经济收入的同时，也带动了石雕手工艺人队伍的发展壮大，形成现代手工业经济的雏形。雕刻工为大户人家凿刻一对大门青石狮子，一般耗时三个月，但取得的收入，却能抵上两名强壮劳动力一年的农耕收入。宋代严州青石雕刻代表作较为典型有：严州府（州）城内的福寿坊、状元坊（严州知州赵汝历为南宋淳祐十年状元，淳安人方逢辰立）、里仁坊、字民坊等。

因严州青石具有极好的抗压性，1959年建设白沙大桥时，设计为石拱桥。为了能通行荷载汽车13吨、拖车60吨车辆，决定桥墩、桥身构件全部采用严州青石（后因开采能力受限，部分使用质地接近的常山县青石）。大桥建成之后，桥面铺以钢板，以汽车15吨荷载、拖车80吨荷载进行通车验收，车辆顺利通过，大桥岿然不动。可见严州青石的质地优异。

6. 其他土特产

除上述主要土特产外，宋代严州被列入进贡目录清单或作为纳税实物的还有多种。

柴、炭。建德、淳安、寿昌、分水均有出产，而以建德居多，主要产区为今下涯镇大洲、杨村桥镇长宁、三都镇前源。柴包括松柴、杂柴（以青枫、栲木为主），用以日常炊事燃料；炭分白炭、乌炭两种，多供应城镇市场，用以冬春季节取暖及各类酒楼、茶肆日常火源。

竹、芒。严州各县均有出产，用以编制各类簟片、芒帘，作为建筑棚户顶苫、舟船顶篷、旅社客栈门帘使用。寿昌县毛竹产地以今大同镇为主，建德县毛竹产地以大洋、三都为主。

纸张、棕片。主要指各类毛纸和棕榈丝片。后者用于编织蓑衣和渔船使用的棕丝缆绳。

岩麻草。主要用于编制渔船缆绳，其抗海水腐蚀能力极强，经久不烂，主要出产于今杨村桥镇、乾潭镇、下涯镇。

中药材。主要有银花、白术、何首乌、苦参、地黄。其中银花作为皇室贡品。

酒。严州出产地方土酒，其酿酒所用之水取自州衙署后的"酿泉井"，故名"酿泉"。酿泉酒在《西湖老人繁胜录》《武林旧事》等宋代典籍中，均列为全国名酒，排位居第八。

蜜、蜡。均为土蜂蜜所产。

二、宋代国家铸币厂严州分厂

两宋时期，朝廷设"钱监"为国家钱币铸造机构，行使行政管理之职，并在地方上设立名号不一的钱币基本生产单位，称某某监，性质类似今日国家铸币厂地方分厂，由监当官管理，诸州铸钱监设监官各一人。睦（严）州作为浙江主要产铜地，也曾设有钱监，全称为"睦州神泉监"，是国家所有和专营的采矿企业、货币铸造企业。神泉监在睦（严）州的经营，在某种意义上，也构成睦（严）州的特色经济活动。

1. 神泉监设立的背景

自赵宋王朝建立后，经百年左右的稳定发展，国家经济恢复迅速，国家财政收入从建宋初期的 1400 余万贯，猛增到真宗天禧五年（1021）的 5700 余万贯。从市场交易到国家税赋征收，都离不开以铜钱为主体的金属钱币（白银作为上缴中央财政的主币，是从明代中后期大量的墨西哥白银进入中国后才开始的），钱币用量相当大，致使宋代不时有"钱荒"之虑。宋朝廷采用铜钱、铁钱两种钱币，在全国划分为铜钱区和铁钱区，并一度禁止相互流通、混用，开禁后又在四川和陕西等铁钱区明确规定兑换比价为"每铁钱十纳铜钱一"。但是，铁钱的铸造方法较铜钱简单，易于私铸，且在一国之内，铁、铜钱的流通范围不同，弊端众多，朝廷规定农民、商人以铜钱纳税，虽然官方汇率为：铁钱 10 文兑换铜钱 1 文。但当时铜钱市面流通远远不足，给百姓造成极大的不便。于是，商贾争相携带铜钱入川与百姓交易，1 文铜钱兑换铁钱 14 文，普通百姓手中很少有铜钱，因而在以铁钱兑换铜钱时，明显比官价低，遭受官、商的双重盘剥，四川等地还因铁钱携带不便创行了今日纸币雏形的"交子"。因此，朝廷开始考虑在已有钱监的基础上，于各地"铜山易得薪炭处，置监铸钱"。建德西部自秦代就设有"铜官"开采铜矿，因而睦州就被列入新设铸钱监州府之一。

2. 神泉监设废时间

睦州神泉监于北宋神宗熙宁七年（1074）始设，至南宋宁宗庆元三年（1197）的一百二十余年中，历经多次关停和复置。高宗建炎年间（1127—1130）因金兵南侵局势动荡而废止。北宋宣和二年（1120），方腊以睦州为大本营起事，作为朝廷铸钱办事机构的睦州神泉监职责中断，停止生产作业。

南宋初建后，经军事抗战和政治谈判，宋金两国大致和平相处，社会经济秩序得以恢复。各铸钱机构陆续恢复职能。此时，睦州神泉监已改称严州神泉监。孝宗乾道三年（1167）三月，朝廷将左藏库铜98810斤交由严州神泉监铸钱（见王应麟集辑《玉海》卷一百八十"食货钱币"）。至光宗绍熙元年（1190）神泉监又被废罢。

因铜材具有极好的延展性和导热性，民间使用铜器之风大盛，兼之铜矿开采权由国家掌握，民间铜材难求，遂出现将铜钱销化提取铜材的现象，导致市面流通的铜钱非常紧张，妨碍了市场交易。宁宗庆元二年（1196），朝廷明令禁止此类现象，对销化铜钱为铜器者，以违制论，罚以流配；同时在全国收缴了大量的铜器。次年八月，恢复设置神泉监，承担这一批铜器的销化，并用以铸制当三大钱。此项工作完成后不久，神泉监再次被废罢，之后再没有恢复。

3. 神泉监的位置

监址有两层意思：铸钱监和钱监，两者初始往往并不在一起，后为管理方便之需而合二为一。神泉监即如此。

铸钱监。监官的办公地点，通俗地说是铸币公司所在地，最初在今梅城北门街往东尽头以北一带（若再往外稍作延伸，可涵盖原严东关五加皮酒厂一带范围）。《（淳熙）严州图经·仓场库务（铸钱监附）》载："神泉监，在望云门外，熙宁七年置。旧取婺州永康县铜山场铜以铸钱，今取信州铅山县铜锡为之，监官廨舍在监东月。"

钱监。铜钱生产单位的地址，通俗地说是造币企业生产场所。北宋神宗熙宁七年（1074），在铜官五宝山设置神泉监采铜铸钱。旧时铜官峡谷出口处有村落名"铜官"，隔新安江分为东铜官、西铜官。西铜官今已淹没于新安江水库下；而位于东铜官的原建德铜矿是世界上最为古

老的铜矿之一，2010 年之前，其铜金属产量多年稳占浙江省铜金属的
60% 以上。

　　神泉监所用之铜，"旧取婺州永康县铜山场铜以铸钱，今取信州铅
山县铜锡为之"，可见此监用铜初期来自浙江永康县铜山场，后为信州（今
江西上饶市）铅山县。本地铜官所产铜使用与否，并无明文记载，但从
后世建德铜矿的生产规模来看，尽管当时生产工艺比较落后，毕竟总有
铜产出的。既然有本地所产之铜，用来铸钱，当在情理之中。

　　初始，朝廷考虑铜官产铜，铸钱可就地取材；后因部分原材料仍需

神泉监旧址　胡建文／摄

从金华永康、江西信州（上饶）等地运进，且至睦（严）州后仍要溯新安江而上 80 里至铜官山铸钱，费时费力，加之管理人员、生产人员生活因远离州城，多有不便，所以到了元丰年间（1078—1085）即迁移至水陆交通方便的码头地带，即今日严东关旧址，以便就近开展业务。

4. 神泉监的规模

铸钱工匠人数规模。钱监规模不一，根据生产规模，配置"役兵"作为工匠。神泉监初设时，年铸铜钱量约 10 万贯，有役兵 240 名左右，算得上中型企业了。南宋钱监人数少于北宋，高宗绍兴五年（1135），"严州神泉监其所隶属兵卒百人"（《系年要录》），为同期钱监中规模较小者。而且这批兵卒匠人，又因战乱期间停产多年，监官坐享俸禄，队伍涣散，渐渐改行，充作他用。

铸钱规模。神泉监的生产规模和所铸铜钱占全国份额情况并不算大。

北宋时期，钱监有关停，更有增设。据毕仲衍《中书备对》记载，神宗元丰年间（1078—1085）全国有铜钱监 17 监、铁钱监 9 监，睦州神泉监在铜钱监列。这十八年间 26 个铸钱监铸钱共计铜钱 506 万贯、铁钱 88.9 万贯。根据官方规定的铜、铁钱兑换 1：10 比例，88.9 万贯铁钱折算为铜钱 8.89 万贯，即全国钱监所铸之钱可以折算为铜钱 514.89 万贯。其中睦州神泉监 10 万贯，占全部铜钱监所铸铜钱的 1.98%。按照当一文钱 1000 枚／贯、150 枚／斤，共铸 34.33 万斤铜钱，年平均铸钱 1.91 万斤。

宋廷南渡后，由于严州特殊的战略位置成为京都畿辅，加上其持续存在的时间较久，神泉监的地位更加突出。南宋时，半壁江山已失，铜钱监数目大为减少，铜钱监从 17 个减至 10 个，严州神泉监仍在列。究其原因，北宋太宗赵光义为皇弟时，被封为睦州防御使；宋高宗赵构为康王时，被封为遂安军节度使。此两任皇帝的遥领职务之地，使得睦州地位较一般州府要高，因此庆元年间朝廷将从全国上缴来的铜器销化重任交给严州神泉监来承担。到宋末，度宗赵禥未登基之前，也被封为遂安军节度使，赵禥登基后，更是对严州青眼有加，将其级别提高，改为府，称"建德府"。而在其他 7 个规模更大的铜钱监（铸钱规模均在神泉监的数倍以上）被裁撤的同时，仍予保留严州神泉监，也说明经济发达的严州，在朝廷财政管理者心目中的重要地位。

5. 神泉监铸币种类

睦州神泉监所铸铜钱，按照朝廷制度，"凡铸钱用铜三斤十两、铅一斤八两、锡八两，得钱五斤"。即铜 64.4%、铅 26.7%、锡 8.9% 的合金工艺，稍逊于其时铜成色最高的建州（今福建建瓯）丰国监铸钱（用铜增 5 两、铅减 5 两、铜含量为 70% 以上）。所铸之钱，如前文所述，除最基本的当（折）一文钱外，有崇宁当十钱、庆元通宝当三大钱。

南宋淳熙年间（1174—1189），神泉监曾铸造背"泉"字四书体套钱，即楷书背小泉，行书背中泉，隶书背大泉，篆书背篆泉。其中背泉折二钱，最为精良。

庆元通宝当三大钱为庆元三年所铸，背有"三"字（意谓庆元三年所铸之钱）。由于庆元三年复置神泉监在八月，至年底仅三四个月，所铸钱量仅为常年一成，且新钱入储封椿库（朝廷将年度开支盈余另设一库存储，以备北伐军用与饥荒）、内藏各一半，用于供给官吏军兵、俸禄赐予的左藏库并无入库，因此，庆元通宝当三钱并无外流，不少地区寻常无缘见到此钱，遑论普遍流通、传世了，造成后世非常罕见。

三、宋代严州商埠

宋代严州的商品贸易，无论本地日常生活用品交易，还是本地特产大宗外销，一般均通过境内新安江、武强溪、寿昌江、兰江、富春江、分水江沿岸的渡口埠头，来实现商品进出、销售。《（淳熙）严州图经》记载，建德县有东津渡、小里渡、胥口渡、三河渡、罾潭渡、马目渡、洋溪渡、朱池渡、白沙渡、铜官渡等，淳安县有县前渡、召石渡、息滩下渡等。严州毗邻的州府水路去往杭州，通常要借道建德县内各渡口。兰溪方向来的，经过三河渡、马目渡，淳安方向来的，经过铜官渡、白沙渡、洋溪渡、朱池渡、罾潭渡；邻县浦江来严州的，则经过小里渡，桐庐县来严州的经过胥口渡。

渡口供人来往江河两岸，属于人流定时活动区域，在渡口设施逐渐增设后，因渡而埠，往往形成小规模集市。为便于交易，农夫、渔民在埠头建房聚居。日久，部分人口较多的埠头渐成为村落，而州城、县城也选择城郊埠头设置相关机构，对往来商船、贩夫走卒予以征税。如严州城外东五里许的东津渡、淳安县的县前渡（埠）。东津埠位于新安江、兰江汇合处，是上游屯溪、歙县、金华、衢州等地前往杭州的要津，自唐代就设有富春驿，在驿站设置征税机构和其他官方机构。

唐代实行驿传制，在全国开辟通贯的驿道，驿道根据地形和路程不同设若干站，配设馆舍，以便于接力传达军政公文，接待过往官吏。至宋代，将馆舍并入驿站，以承担接待过往官吏之职，另外，单设传递铺专门传递文件。递铺分为陆路和水道两类。睦州建德县境内设有胥村驿、三河驿、朱池驿等，各配设应差役夫百余人，此类工作人员集中于驿站，本身就如一个小村落。

沿水路的驿、铺，因工作人员日常生活所需物资采办频繁，加上为

十里埠　胡建文／摄

便于公干所计，馆舍建筑渐渐靠近埠头，并合二为一。随着路经人员增多，埠头买卖活动兴盛，原本主要为军事通信提供保障服务的"铺"，渐渐演变为以经济活动为主的"埠"，"埠""铺"通称。从官方机构性质，演变为民间商旅场所，如三河铺（埠）、晋潭铺（埠）、下涯铺（埠）、十里铺（埠）、胥村铺（埠）等。

各埠头承担各地各类粮食、农副产品，以及木材、炭薪从山区向集镇销售，粮食、绢布、茶等各类国家征缴的实物，从县城向州城集中的第一中转站作用。《（咸淳）临安志》记载，杭州所需柴炭竹木，大多来自严州，"聚于江（钱塘江）下，由南门而入"。而之前，莲花的乌炭在洋溪埠集中，大洲的柴薪在下涯埠集中，杨村桥长宁的木材，经长宁溪放排漂流至十里埠集中，下包、罗村一带的木材经胥溪放排至胥村埠头集中，再分别装船，运往都城。

　　严州木材（包括坚硬的炭薪林材）对杭州的城市发展起到了独特的作用。宋代，都城杭州对木材所需，除了市民日常做炊、取暖之外，大量被应用于海塘修筑。唐代以前的海塘都是用泥土修筑的，钱江大潮侵袭时，海塘时常坍塌，到唐代中期仍有潮水涌入城内。拦不住洪水，杭州的城市规模一直比较小，直到唐代，也只有现在的上城区大小，是个"繁雄不及姑苏、会稽三郡"的"腰鼓城"。到了宋代，海塘修筑出现了新的构建工艺，就是采用大量的木桩，错列打入海滩或河床，固定底层流沙，再在上面堆砌土坝。然后在土坝上再次打入木桩，再堆土。如此反复多层，直到达到设计要求。这种办法修筑的海塘叫"柴塘"。宋代，杭州地方官先后筑塘21次，所使用的大量木材和捆扎木桩的黄交藤，大部分来自严州，少部分来自富阳。海塘稳定后，城市发展迅速，很快成为"东南形胜，三吴都会，参差十万人家"的大都市。

第七章

闲情雅致　丰赡精微

——宋代严州社会生活

宋韵严州

英国有一位历史学家叫阿诺德·汤因比，他曾说过这样一句话：如果让我选择，我愿意活在中国的宋朝。作为一个外国人，怎么会说出这样的话呢？一是他对中国的宋朝有深刻的研究，二是中国的宋朝，国人尤其是普通人的幸福指数确实是很高的。

宋朝的开国皇帝赵匡胤是马上得天下，他害怕别人效仿他，就把手下军人的权力降到最低，转而培植文人，于是，一个崇尚文化的朝代兴起了。一个不尚武而崇文的朝代，其社会生产力一般都不会差到哪里去。作为普通百姓，有吃有穿，还有书读，这日子就过得安逸起来了。

宋朝重文，书读得好，就有机会做官。即使这条路没走通，也想把自己的日子过得优雅一点，诗意一点。所以，无论从哪方面来看，宋朝是一个让人向往的朝代。从宋朝人的生活方式这个侧面，可以看出太平时期严州人的生活状态。

严州古城澄清门（大南门）

一、宋代严州城里人的雅事

　　因为社会相对稳定，经济发展，人们的物质生活得到满足，就开始追求精神生活的丰富，所以，无论是京都，还是一些中小城市里的人，他们都把自己的生活过得很雅、很"闲"，做一些"无用"的事。比如插花、闻香、挂画、点茶等，这四件事被人们称为宋代人的"四般闲事"。

　　北宋之前的睦（严）州，还是一个相对闭塞的地方，社会经济还不是十分的发达，所以，常被作为贬官之地，唐代的宋璟、杜牧就不用说了，北宋的范仲淹也是作为贬官，来到睦州的。那时的睦州一带，还没有得风气之先，诸如插花、燃香、品画、点茶等雅事，还不是十分盛行，除了少部分显贵，很少有人干这些事。即使有，也都是那些从大城市来的官员、好游山玩水的文人，以及行走天下的商贾们带进来的。

1.胆瓶高插梅千朵——插花

严州地处钱塘江上游，是一个山清水秀的地方。这里的山间有各种各样的野花，一年四季次第开放，尤以春秋两季为盛。春天的山樱花、映山红，漫山开遍，远远看去，如霞似烟。而秋天里的野菊花，更是把远近的山都装点得金黄一片，十分耀眼。这些野花让山里人喜不自胜，人们上山，除了做些山里的活，还会随手采几朵来，戴在头上。把山间的浪漫带回家。这个行为被称为"簪花"。有些花除了可赏，还可入药，更成为山里人的至爱，比如，春天的金银花，秋天的野菊花。

严州的农人爱花，城里人也爱花；妇人爱花，男人也爱花。有些人把这些野花带回家，插在自家的花瓶里，供在上横头的搁几上。严州人几乎家家都在堂前摆一张搁几，上面摆两只花瓶，寓意岁岁平安，又在瓶中插上几枝花作为点缀。花瓶的优劣，与主人的经济条件及社会地位相关，条件好的有铜瓶、玉瓶，一般人家则以瓷瓶为多，更有甚者用竹筒代替。所插的花也都随季节的变化而不同。比如桃花（"竹外桃花三两枝"）、杏花（"深巷明朝卖杏花"）、菊花（"东篱把酒黄昏后，有暗香盈袖"）等。当然，供在上横头的，以梅花、荷花等比较上档次，特别是城里人。在堂前的花瓶里插几枝梅花，春天的气息自然就浓了起来。若是在夏天，花瓶里插着几枝荷花，不仅能给人以清凉之感，更有一种佛意环绕于室。

南宋陆游有一首诗这样写道："有花君不插，有酒君不持。时过花枝空，人老酒户衰。今年病止酒，虚负菊花时。早梅行可探，家酝绿满卮。君不强一醉，岁月复推移。新诗亦当赋，勿计字倾欹。"

陆游是南宋绍兴人。相对于严州，绍兴人更易得风气之先。绍兴产老酒，喝酒、插花这等"闲事"，是他们的日常。我想，陆游守严州时，诸如插花、喝酒之"闲事"，也不会少做。他的雅室里，一定供有各式花卉。

"自洗铜瓶插欹侧，暂令书卷识奢华。"这是宋代诗人赵师秀的诗句。"小阁清雅，胆瓶高插梅千朵。"这是杨远咎的词句。从中我们可以看出，宋代人在插花方面，是一点都不含糊的，他们并不喜欢"多"与"繁"，他们讲究的是疏，疏了才雅。试想，一只瘦瘦的铜瓶中，斜斜地插着一支或几支同样瘦瘦的花，再配以疏疏的枝叶，然后静静地坐在书桌前，静静地欣赏着，这样的时光会不会让人很惬意，很享受？

2. 惜香更把宝钗翻——燃香

"金炉犹暖麝煤残，惜香更把宝钗翻。重闻处，余熏在，这一番、气味胜从前……"（苏轼《翻香令》）"……东篱把酒黄昏后，有暗香盈袖……"（李清照《醉花阴》）"燎沉香，消溽暑。鸟雀呼晴，侵晓窥檐语……"（周邦彦《苏幕遮》）

翻开任何一种宋词集或宋人别集，诸如此类的词句比比皆是。闻香，是宋人不可或缺的一种生活方式。

偶尔，我们会从身边走过的女人身上，闻到一股或浓或淡的香，就会自觉不自觉地停下脚步，皱起鼻尖，细细品味，然后回过头去，打量一番已经走远的女子。香，看不到，摸不着，却能让人愉悦。

但我们都知道，现代人所用的香，大多是人工制作出来的化学香。

其实，闻香之风，早在春秋时就已经十分流行。那时没有化学，我们的古人闻的香，都是来自自然界的，而以花香为多。

玫瑰被称为"花中皇后"，它的花香深受人们的喜爱，能够给人带来温馨、浪漫和愉悦的感觉。茉莉花的香味清新淡雅，具有放松精神、舒适身心的作用，适合在晚间闻。桂花清香怡人，有提高情绪和精神状态的作用。紫罗兰的花香清新宜人，有助于缓解人的压力和焦虑，让人感到轻松愉悦。所有这些，都是人们提取香精的原材料。

春秋时闻香之风，仅限于达官贵人，民间是没有闻香的风气的。到了宋代，由于社会经济的高度发达，加上一些文人雅士的推波助澜，闻香之风很快就在民间流传开来，香铺也随处可见。《清明上河图》中，就有一间门前立着"刘家上色沉檀楝香"的香铺，看上去还颇有气派。社会上还有一种叫"香人"的人，他们是专门从事制香行业的。宋代的制香人是很吃"香"的。因为他们会自己研究、调制、创新特有的香谱，很多香客都找他们买香。

因事被贬睦州的范仲淹闲来无聊时，也喜欢在官舍中燃香消日，他在《潇洒桐庐郡十绝》的最后一绝中这样写道："潇洒桐庐郡，身闲性亦灵。降真香一炷，欲老悟黄庭。"闻香是他闲在睦州城里的消遣方式之一。

南宋临安的酒楼中，有老妇人专门为客人提供选香燃香的服务，称为"香婆"。（见《武林旧事》："有老姬以小炉炷香为供者，谓之香婆。"）严州离京城临安近，临安城里的闻香之风对严州的影响很大。

宋代人对香的喜好，已经达到极致，其品种更是争奇斗艳：有模仿梅花、兰花香味的熏衣香，有为女子制作的"意可香"，有专在夜间熏燃的"深静香"……光听这些名字，就仿佛置身其中，身边已是香烟袅袅了。有些还在香中放入中药，不仅好闻，还有益于身体健康。

严州城里的一些大户人家，几乎都在自家的院子里植上一两棵桂树，每到秋风一起，满城尽闻桂花香。一般人家，都会采一些新鲜桂花，用白糖腌制起来，留着做桂花糕用。也有人用它来制成各种形状的香片，随身珍藏，走过人群时，自有一股清香从身上散发出来，引得路人皱鼻深吸。

严州人制香的原材料除桂花外，还有兰花、野栀子花这些具有浓郁香味的山花，还有暗香浮动的梅花。

满身香，令人销魂。香满室，让人沉醉。雅室一间，香烟一炷，可消凡尘之恼。"清心，静心，意境幽远，品位高致"，这是宋人修身的至美之境。

3. 独见山红涧碧时——品画

严（睦）州向为清虚之地，是个"有家皆掩映，无处不潺湲"的山水之城。这不仅让天下文人为之倾倒，更让古今画家为之沉醉。

"日日面青山"的范仲淹，更是把山霭中的乌龙山当作一幅画来欣赏，以致"心共白云空"。

严陵山水，处处是画，但严州人并不为之满足，他们特别喜欢字画，尤其是山水画。一般人家都要在堂前挂上一幅，谓之"中堂"。读书人则在自己的书房里也挂上一两幅山水小品，读书写字累了，抬头面壁，对着那幅清新的山水小品神游，那是一件多么惬意的事。

平民百姓也喜欢在家里挂上一两幅画，只是内容大多以仙鹤松柏等为主，祈求幸福长寿。

如果宴请客人，家里有一幅画，特别是名人的画，会觉得很有面子。主客会站在画前，以画为话题，畅叙一番，然后入座。

偏僻如严州，人们尚如此沉迷字画，这与当时的时代风气是分不开的。宋朝是一个崇尚艺术的朝代，到了那个艺术天才赵佶登上皇帝大位之后，普天之下崇艺之风更是达到了极致。宋徽宗在位期间，在科举考试里面，直接增设了艺术科。有一年，宋徽宗亲自为考生出了一道考题："竹锁桥边卖酒家"，让考生根据这句话画一幅画。大多数考生都如实地画出了竹林、小桥、酒家。唯有一位考生，在一片竹林之外的小桥边，画了一面酒旗。宋徽宗一看，大为赞赏，立即录取了这位考生。后来，这位考生成了宋朝著名画家，他的名字叫李唐。要不是有宋徽宗这一招，我国美术史上至少要少很多诸如李唐这样的艺术家。

皇帝的喜好，会直接影响整个社会，有宋一代，画画、品画、卖画、买画、挂画，甚至租画等行业，在全国范围内普及开来。开始时，只是文人间的聚会时兴挂画、品画，直到后来，一般百姓人家结个婚，请个客，也要挂几幅画赶赶时髦。那个时候，社会上还出现了"帐设司""排办局"这样的行业。"帐设司"是专门出租画的，"排办局"是专门为一些有需要的人家操办宴会的，其中的一项重要内容就是帮人家挂画，类似于我们现在的"一条龙"服务。

苏轼不仅是大诗人，他在书画方面的造诣也是很深的。据统计，他一生中创作了157首题画诗。这些题画诗也让我们窥见了宋代文人丰富的内心世界。他在《王晋卿所藏著色山二首（其二）》中这样写道："荦确何人似退之，意行无路欲从谁？宿云解驳晨光漏，独见山红涧碧时。"

严州地处交通要道，城外的新安江上，商贾往来不绝，街上客栈、酒店、茶室遍布。这些客栈、酒店、茶室，各具档次，有供贩夫走卒歇脚解渴的，有供达官贵人、文人雅士品茗消遣的。前者室内布置随意，而后者则非常讲究，其中一个共同特点，就是都挂有字画。

文人雅士入室，首先对墙上的字画作一番品鉴。可以说，挂画、品画，是当时人们的日常生活。

4. 斗茶香兮薄兰芷——点茶

茶是国饮。早在五千多年前的神农时代，人们就把茶叶当药用。到了后来，人们把茶叶和粮食一起煮成"茶粥"，或直接当菜。唐代，因受茶圣陆羽《茶经》的影响，茶普遍被人们当作饮品，成为日常生活中不可或缺的一部分。到了宋代，人们不但乐于饮茶，还出现了与茶事相关的许多事，比如斗茶。

　　唐之前，茶是用来吃的。先把茶叶碾成粉末，放入锅里，倒入水，把水烧开，再投入一定的调料，趁热将茶渣和茶汤一起吃（喝）下去，这就是所谓的"吃茶"。从宋代始，吃茶的方法发生了很大的改变，这就是所谓的点茶。

　　所谓点茶，就是将茶碾成细碎的末，然后放进茶盏，用少量的水调和成膏状，再慢慢地注入开水，一边注水，一边用一种叫茶筅的东西不断地搅动茶汤，类似于现在的捣鸡蛋。慢慢地，就会有乳白色的茶汤浮现在茶盏里。

　　这种点茶的功夫起源于福建，后被带进宫里，为达官贵人接受并发扬光大，成了上层人物争相效仿的"闲事"。有人在点茶的过程中，发现了很多奇特的现象。比如在搅动茶汤时，茶盏里会有乳雾一样的东西出现，有些还会被搅出花鸟鱼虫、日月星辰、山川河流等图案，令人赏心悦目。为了追求这种效果，"闲人"们开始了不断研究与实践，还时不时相互比赛，这就是所谓的"斗茶"。

　　据史料记载，宋代的几大文人，都是斗茶高手，比如范仲淹、苏东坡、蒋夔、蔡襄等，就连徽宗、高宗等皇帝也精于此道，乐此不疲。范仲淹有一首著名的斗茶诗《和章岷从事斗茶歌》，非常具体生动地描写了宋代点茶、斗茶的全过程。其中有这样两句："斗茶味兮轻醍醐，斗茶香兮薄兰芷。"

　　宋代睦州处在福建与京城（开封）之间，可以推想，睦州城里的点茶之风出现得不比京城迟。

　　从全国来讲，睦州虽然不是主要的产茶区，但茶叶还是很多的。北宋时的范仲淹被贬到睦州来之后，在他的《潇洒桐庐郡十绝》（之六）中这样写道："潇洒桐庐郡，春山半是茶。新雷还好事，惊起雨前芽。"到了南宋，严州的茶还作为贡品，送去临安（杭州），供达官贵人享用。

当时的睦(严)州人也用产自乌龙山及周边山上的茶叶制茶。城里的点茶、斗茶之风是十分盛行的。

二、宋代严州人的娱乐活动

1. 帘轻幕重金钩栏——瓦子与勾栏

"瓦子"这个词,但凡稍有点古典文学知识的读者都不会陌生。读《水浒传》,常常会遇到它。如第六十五回中:"……又撞见杜迁、宋万两个从瓦子里走将出来……"第一百一十回中,燕青和李逵入东京城看灯,"……两个手厮挽着,正投桑家瓦来。来到瓦子前……"

其实,早在唐朝就有瓦子与勾栏。李商隐在其《河内诗》中写道:"碧城冷落空蒙烟,帘轻幕重金钩栏。灵香不下两皇子,孤星直上相风竿……"

瓦子,也叫瓦舍、瓦肆、瓦市,简称瓦。在宋代,大凡稍大一点的

严州虾灯　朱永标/摄

城市都有瓦子，《东京梦华录》有好多地方写到东京（开封）城里的瓦子，《武林旧事》中则写了临安（杭州）城里的瓦子。都城以外的州城、府城，乃至县城，也都有瓦子，比如温州，曾号称"一片繁华海上头，从来唤作小杭州"，城里就有供市民消遣娱乐的瓦子。其他像建康府（南京）、镇江、平江府（今江苏苏州）、建宁府（今属福建）也都有瓦子，就连湖州那个小小的乌镇，也至少有两座瓦子。作为州城的严州城里，也有一处瓦子。

《严州图经》中有一张《建德府内外城图》，图中非常明确地标有一处瓦子，其位置大致在今天的府前路东侧—总府街北—总府后街南一带，也就是梅城镇政府门前，现梅城幼儿园所在的这一区块。

瓦子是个什么去处？《水浒传》第五十回中有一段描写：说雷横离了梁山泊，背了包裹，提了朴刀，取路回到郓城县……（遇到）本县一个帮闲的李小二……李小二道，都头出去了许多时，不知此处近日有个东京新来打踅的行院，色艺双绝，叫作白秀英。那妮子来参都头，值公差出外不在。如今见在勾栏里，说唱诸般宫调。每日有那一般打散，或是戏舞，或是吹弹，或是歌唱……（雷横）便和那李小二到勾栏里来看……

不难看出，瓦子是个娱乐场所，里面有卖吃的、卖药的、喝茶的、喝酒的、算卦的、赌博的、剃头的、听戏的，甚至还有旧衣交流的。一句话，瓦子里吃喝玩乐什么都有。

瓦子中还有勾栏。

瓦子里有各种表演，观看这些表演，都是要收费的。收费的方式是，表演者在里面表演，有人就在观众中收钱。为了防止有人逃票，要在四周用栏杆围起来。这就是勾栏。

宋代经济的繁荣，其直接的影响是城市的扩张和市民阶层的崛起。

城里人一多，就要有集中固定的游艺场所，能为大众提供丰富多彩的精神享受。勾栏里演出的内容，囊括了当时所有的戏曲、相扑、武术等。瓦舍勾栏的出现，正好迎合了这种需要。对此，《水浒传》里有非常逼真的描写。有一次，卢俊义要出门避难，特地关照在家留守的燕青："不可出去三瓦两舍打哄。"为了攻打东平府，史进利用旧交，入城卧底，"径到西瓦子李瑞兰家"，不料反遭告发，演了一回"东平府误陷九纹龙"。孟州城里也有瓦子勾栏，蒋门神"初来孟州新娶的妾，原是西瓦子里唱说诸般宫调的顶老"（当时对歌妓一种调侃的称呼）。郓城县那个勾搭上阎婆惜的张文远，"平昔只爱去三瓦两舍，飘蓬浮荡，学得一身风流俊俏"；而那个被雷横一枷劈了脑盖的白秀英，"和那新任知县旧在东京两个来往，今日特地在郓城县开勾栏"。就连花荣曾经当过知寨的清风镇上，"也有几座小勾栏"，引得宋江"在小勾栏里闲看了一回"。

严州城虽然是座小山城，但在宋代，已是一座江南名城，各方人士往来频繁。这样一座小城，有一座瓦子是不足为奇的。

瓦子勾栏中吃喝玩乐无所不有，有钱与有闲的公子哥儿逛瓦子，常会遭人非议，于是，他们就穿着便服进瓦子，遇到熟人，只是相互会意地点个头，心照不宣。

瓦舍勾栏内虽然鱼龙混杂，社会治安也存在一定的问题，但对丰富城市生活，繁荣市民文艺，还是有一定的积极意义的。

2. 若托纸鸢寄锦书——放风筝

每到春暖花开的季节，人们都爱到野外去"野"，其中有一项活动人人都喜欢，这就是放风筝。把一只漂亮的风筝放上天，在蓝天下随着春风左右摇摆着，人们的心也早已随之放飞。

放风筝是一种很古老的游艺活动。据史书记载，至少在秦汉时就已经有了。到了唐宋，不仅风筝开始在民间流行，而且风筝的样式也花样百出。尤其是宋代，放风筝就像喝茶一样，也到了相互"斗艳"的地步。

放风筝得有一个自然条件——稳定的风向和风力，否则，风筝是飞不起来的，即使飞起来，也飞不稳。所以，春天是最好的放风筝季节。

严州是山区，放风筝的条件比不上平原地区，但严州人也是爱玩的，只要条件稍可，人们就举着风筝，争相出门，寻找合适的地方，把一只只美丽漂亮的风筝放上蓝天，这是他们一年当中最为快乐的时光。

电视剧《清平乐》里有一句非常美的台词："若托纸鸢寄锦书。"大家都认为，纸鸢就是风筝。其实，这是不对的。

鸢，是传说中的一种鸟，是一种很凶猛的鸟，外形有点像鹰。顾名思义，纸鸢，就是用纸做的鸢。那么，纸鸢怎么会变成风筝了呢？这个话题说起来有点长。

木匠的鼻祖鲁班是春秋战国时鲁国人。有一年，鲁国和宋国打仗。为了刺探宋国军营，鲁班用木片制作了一只木鸟，借着风力，飞向宋国的军营上空。当时，人们都把这只会飞的东西叫作木鸢。到了南北朝，南梁有个叫侯景的将军发动叛乱，把梁太子萧纲扣为人质，萧纲想向城外搬救兵，可消息怎么也送不出去。他手下有个叫羊车儿的人给他出了一个主意，学鲁班做一只木鸢，把城里的情况带出城。

可见，早的时候，木鸢是一种用于军事的工具。到了唐朝后期，制作木鸢的人越来越多，他们已不仅仅用于军事，而作为平时的一种娱乐工具，其材料也从木质转向纸质，因为纸更轻，更容易飞起来，还可在外形上做点文章，让它更漂亮。后来，也不知是谁突发奇想，在纸鸢上绑了一只风铃，让它在天上飞的时候发出筝一样的响声，于是，有人就把这种纸鸢取了一个很诗意的名字——风筝。

宋代人很时兴玩风筝，上至皇帝，下至平民百姓，都喜欢玩。北宋那个很文艺范的皇帝宋徽宗，不仅玩，还写过一本《宣和风筝谱》的书。有了皇帝的推崇，一些文人就纷纷效仿，把风筝玩出更多的文化来。周密在其著作《武林旧事》中记载了宋孝宗赵昚带着太上皇赵构一起在西湖边游春的盛况，其中有一项活动就是放风筝。

严州人当然也爱玩风筝，城里人一般都到南城墙上或城南的巽峰上放风筝。春风吹来，江南江北风筝齐舞，甚是好看。一些商人也看到了其中的商机，他们请来能工巧匠，或自己动手制作风筝，摆到大街上去卖。满大街上摆着各式风筝，也是一道亮丽的风景。

乡下人也玩风筝，他们一般都在开满苜蓿花的田间放飞着自我。这种情景，自宋至今，从未间断。

北宋诗人寇准有一首诗："碧落秋方静，腾空力尚微。清风如可托，终共白云飞。"这诗写的虽然是秋风，但用来表达春天放风筝时的人的心境，也是十分贴切的。

3. 与客携壶上翠微——重阳登高

"独在异乡为异客，每逢佳节倍思亲。遥知兄弟登高处，遍插茱萸少一人。"唐代王维的这首《九月九日忆山东兄弟》，已经传唱了一千多年，勾起过多少游子的思乡之情。

中国人向有重阳登高的习俗。

重阳佳节，正是秋高气爽之季。此时，阳光明媚，气候宜人，正是登高赏秋的好时机。登高可以让人亲近自然，感受大自然的魅力。登高能让人心情愉悦，增强身心的活力。

登高是一种积极向上的运动。首先，登高者要有顽强的毅力、拼搏的精神，要克服重重困难，最后到达顶峰。所以这一运动，寄予着人们追求健康长寿的愿望。

乌龙山登高　沈伟富／摄

　　另外，登高还是一项祭拜祖先、思念故人的仪式。在登高的过程中，人们常常要选择一些适合的地点，烧上一炷香，摆几样供品，遥祭祖先或缅怀已逝的亲人。登高不仅是向祖先表达敬意和怀念，也是与家人团聚、增进感情的机会。

　　江南的秋天是一个浪漫而富有诗意的季节。满山秋色倒映在漫江碧波之中，给人以澄静与虚灵。严州城南的巽峰，城东的卯峰，城北的仁安山（乌龙山），都是登高的好去处。重阳节，漫山的野菊花次第开放，引得蜂蝶纷纷，登高的人们顺手采摘几枝，或插在头髻上，或带回家来，插在花瓶中，那都是登高的意外收获。

　　登高，少不了酒。严州人常携家酿上山，在山上选一高地，席地而坐，围在一起饮酒。他们还突发奇想，把一朵朵菊花扯开来，丢在酒中，漂浮在酒面上，然后一人一瓢，直饮至日落西山，秋风吹来阵阵凉意时，才起身下山回家。

　　苏东坡有一首《定风波·重阳》，里面有这样两句："与客携壶上翠微，江涵秋影雁初飞。"这是他在黄州时写的，可见，重阳登高喝酒的风俗，是一种十分普遍的风俗。

他们之所以把菊花扯开来洒入酒中，是因为菊花有清热解毒之功效，而重阳前后，天气干燥，人体容易上火，喝点茶，饮点菊花酒，有益于身体健康。范成大有"看了十分秋月，重阳更插黄花"的诗句；周密在《武林旧事》中也写到南宋宫中在重阳节的前一天，就要提前准备一万株菊花，以备重阳节之用。

与菊花有差不多功效的还有茱萸。前文所引王维的诗中就讲到了茱萸。茱萸，又名"越椒""艾子"，是一种常绿带香的植物，具有杀虫消毒、逐寒祛风的功效。古人认为，重阳节在头上佩戴一两支茱萸，可辟邪。到了宋朝，人们不仅把茱萸戴在头上，还和菊花一样，用来浸酒。用菊花浸的酒叫"延寿客"，用茱萸浸的酒叫"辟邪翁"，真是形象又贴切。苏东坡在《醉蓬莱·重九上君猷》中写道："此会应须烂醉，仍把紫菊茱萸，细看重嗅。"写的正是此情此景。

三、宋代严州的社会保障体系

1. 慈育院、养济院、安养院

两宋尤其是北宋时期，宋太祖、宋太宗在统一国家的常年征伐中，有较多机会接触民间疾苦，意识到普通民众基本生存要求对社会稳定的重要性，因此在执政期间，陆续颁布国家法令，创办了一系列社会福利保障机构和设施；同时，除朝代末期发生大规模动荡之外，赋闲或退休官员及富裕民户，也积极参与社会慈善事业。官民合作，使得宋代建立起一套较为完善的社会保障制度，成为现代社会保障制度的发轫。

灾荒之年的粮食供应保障。真宗景德三年（1006），睦州设常平仓，按照朝廷规定，提留部分上供钱，在夏秋新粮上市、价格低廉时，以比市场价高出三五文的价格，收购一批粮食储存，遇到粮价大涨时，以低于市场价的价格售出，在发挥政府稳定粮食市场价格作用的同时，也起到了灾荒之年赈济和"下等贫乏人户"生儿养女的救济作用。

北宋哲宗绍圣元年（1094）至南宋末年，睦州设立义仓，各乡设一所。以"官所收二税石别税一斗"，即正税谷粮中每石提留一斗（后减至五升）做义仓粮食来源，在粮食歉收之年，或遭遇突发自然灾害之后，赈济灾民。南宋嘉熙四年（1240），严州先是洪涝，继而大旱，粮食歉收，朝廷下旨绍兴府免缴夏税、秋税之谷物，用以转拨严州赈灾。这个制度，虽然在某些特别时期被打了折扣，但总体而言，是一直延续到宋王朝结束的。

孤老幼儿及残疾群体的供养与医疗救助。北宋哲宗元符元年（1098），朝廷颁布《居养法》，对"鳏寡孤独不能自存者，以官屋居之，月给米豆，疾病者仍旧给医药"。至崇宁五年（1106），朝廷正式命名此类机构为"居养院"。此一时期，居养院蓬勃发展，全国各州均

宋代严州安养院旧址　胡建文／摄

宋代严州慈育院旧址 胡建文／摄

设置"居养院"，专门供养无自我生存能力的鳏寡孤独群体。北宋末年，金兵南侵，战火肆虐，居养院难以为继。至南宋理宗淳祐十二年（1252），严州知州赵汝历在居养院的基础上，于州城南大门西侧创办安养院，专门收养无家可归的社会孤老残疾者。

宋代特别重视弃婴收养和抚育。弃婴尤其是弃溺女婴现象，在生产力不发达的农耕时代，一直存在，在宋代特别是南宋初年，由于社会动荡，民族矛盾尖锐，弃婴现象十分普遍。理宗淳祐七年（1247），朝廷率先在都城杭州设置专门机构——慈幼局，收养被遗弃的新生儿，并置乳母喂养，无子女者可来领养。《宋史·理宗本纪》载："癸亥，诏给官田五百亩，命临安府创慈幼局，收养道路遗弃初生婴儿，仍置药局疗贫民疾病。"宝祐四年（1256），在都城临安慈幼局运作试点成功之后，宋廷下诏，要求"天下诸州建慈幼局"。次年，宋理宗又诏曰："朕尝令天下诸州置慈幼局……必使道路无啼饥之童。"严州依例设置本州的慈育局。慈幼局的弃婴在养育成人后，以自由人身份，融入普通人社会生活。慈幼局可谓世界上最早的官办孤儿院。宋代时，对孤幼的救济呈现制度化、普遍化、专业化的特征，远远领先于当时的世界。

医疗救助与保障。北宋徽宗崇宁三年（1104），按照徽宗旨意，和全国各地州县一样，在州城创办安济坊，"养民之贫病者"。安济坊的作用是专门救治贫民患者，并实施"使之存处，差付医疗"，实际上就是住院收治，由国库支付医疗费用（洪迈在《夷坚志》中有记）。南宋淳祐八年（1248）改设施药局，向有病不能支付医药费的穷苦人发放免费药物。

2. 公益性殡葬救济

北宋神宗元丰年间（1078—1085）朝廷颁令，各县依令划拨偏僻荒芜之地，面积三五顷不等，用以安葬客死他乡无主收尸者，或贫困无资安葬者的公共墓地。州府招募僧侣为公墓管理员，每月给钱五贯、大米一石，作为其开支。通常安葬一具尸体，国库拨付不高于两千文的安葬费。后来，此类墓地经朝廷同意，命名为"漏泽园"，意为天漏恩泽的园地。对于收埋尸体达到三千具以上的，由官方具奏朝廷申请，三年"降紫衣一道"，以作嘉奖。"漏泽园"制度，一直延续到宋末朝廷覆灭始止。但之后元、明、清三代，基本实施该制度，唯名称不同而已。

严州
YANZHOU

宋韵
SONGYUN

第八章

黉宇广设　人才辈出

——宋代严州书院

宋韵严州

中国书院教育发轫于唐代，至清末有一千多年的历史，对我国封建社会的教育和传统文化的传承，产生过重大的影响。而它的兴起、繁盛则在两宋时期。北宋初年，国家还没有充足的力量来兴办学校，于是私人书院应运而生。庐山国学发展为白鹿洞书院，接着有很多书院相继创建，包括岳麓书院、应天府书院、嵩阳书院、石鼓书院和睢阳书院等。到了南宋，书院更为发达，其数量之多，规模之大，组织之严密，制度之完善，都是空前的，几乎取代了官学，成为主要的教育机构。

严州书院发展史与中国书院发展史是同步的。严州书院出现很早，据邓洪波《中国书院史》的统计，唐代浙江有五所书院，睦州的青山书院便是其中之一。也就是说，青山书院是浙江乃至全国最早的书院之一。严州书院自晚唐而迄清末，有明确记载的达八十多座。有影响的有：青山书院、瀛山书院、钓台书院、龙山书院、石峡书院、会文书院、文渊书院、宝贤书院、狮山书院、兴贤书院等。书院为严州的教育、文化、思想、学术的发展和传播发挥了十分重要的作用。由于书院宽松自由的学术思想氛围，使严州的士风为之一变，也推动了教育的平民化。许多硕学鸿儒致力于下层社会教育的勃兴，热心于文化和学术的普及。书院的制度、特点和精神，值得我们认真加以了解、研究和继承。

两宋是中国历史上文化最为繁荣、思想最为自由的朝代。宋代著名的大教育家范仲淹、张栻、吕祖谦都出任过严州地方官，他们重视教育，善于管理，爱惜人才，奖掖后进，极大地推动了严州书院建设和教育事业的发展。严州书院，特别是宋代兴起的众多书院，是严州文化得以传承、延续、发展的重要阵地和摇篮。伴随着书院的兴盛，大批高质量的教材也随之诞生。如宋代大量通俗的蒙童读物及教材即出自名家之手，其中与严州有密切关系的就有吕祖谦的《少仪久传》、陈淳的《小学诗礼》、胡寅的《叙千古文》、钱融的《小四书》、朱熹的《小学外篇》、方逢辰的《名物蒙求》等，至清后期，又产生了驰誉海内的建德三河章燮的《唐诗三百首注疏》。这些蒙童读物和教材对严州地区乃至全国来说都产生了很大的影响。

一、龙山书院

关于龙山书院的最早记载见于明代淳安人徐楚编纂的《（万历）严州府志》。该志"卷三·经略志·书院"下的"龙山书院"条目："龙山书院，在府拱辰门外乌龙山麓。今拆毁。"清康熙五十九年（1720），海宁人陈诜在严州《文渊书院记》中写道："宋范希文特创龙山书院，张敬夫继设丽泽书院……一毁于元初，再烬于明季。"范仲淹十分重视教育，每到一处任职，把教育摆在首位，在睦州也是一样。宋仁宗景祐元年（1034），他出任睦州知州，"延见诸生，以博以约"，到任后马上召集学生们讲话，向他们传授治学方法，宣讲"师门之礼训"（范仲

复建后的龙山书院　胡建文／摄

淹《与晏尚书书》)。他还积极兴修学校,据南宋《(淳熙)严州图经·卷一·学校》记载:"景祐中(初),范仲淹始建堂宇斋庑。"此处的"学校"指的是官办的州学。

范仲淹创办龙山书院,为中国州府一级建立官办书院,开了一个好头,并且在全国起到了引领的作用。到范仲淹主持的庆历新政时期,在他的直接推动下,以皇帝诏书的形式昭告天下,各个州府都要实行官办书院,书院费用由国库拨付或地方税赋资助。全国的官办及各类书院一下子增加到一千多所。成为北宋文化兴盛的一个重要标志,也成为中国书院历史发展的里程碑。

清《(光绪)建德县志》载,邑人宋维藩《重修湖坝纪略》中说:"邑侯项公一经,捐俸建龙山书院于文昌阁前,以培地脉,其中博雅堂则余所建也。"从这一记载可以看出,龙山书院旁还有文昌阁和博雅堂。可惜旧址虽存,古物不在。

二、默山书院

《(民国)寿昌县志》载,默山位于旧寿昌县西南二里默山(今寿昌镇河南里一带),峰峦环拱。宋庆历年间(1041—1048)校书郎胡楚材以刚直忤权贵,退归故里筑室于此,名之曰"默山书院",山下有宋元祐年间刻石。胡楚材弃官从教几十载,潜心办书院,使得默山书院在寿昌县邑颇有影响力。至民国时,默山书院尚存遗址。在20世纪60年代的开荒运动中,默山书院遗址被毁,今已无痕可觅,默山小池尚在,筑池青石条散乱池中。

胡楚材(1068—?),字公乔,睦州寿昌(今建德市寿昌镇)人。宋庆历六年(1046)进士,授真州通判。时值王安石谏奏变法,朝廷内外人心欲动。初登仕途的胡楚材，本有心参与变法事宜，因仁宗皇帝没有采纳变法意见，故胡楚材对朝廷颇感失望，对仕途无意进取。判官之职，设于各州、府，选派京官充任，称为签书判官厅公事，简称签判。各路之安抚、转运使和中央的三司、群牧等使亦设有判官。胡楚材因才华出众，笔锋如刀，故授予三司之判官，职位低于副使，为四品官衔。任判官年许，宋仁宗为应对王安石变法，迁胡楚材为校书郎，为国子监校勘书籍，订正讹误，无实权实职。对此，胡楚材并无异说，倒也合他读书人之意愿。胡楚材虽为文官，但性格刚直，旧志中云"数以刚直忤权贵"。国子监之书章文籍，内容泛泛而谈，校书郎之职当应正之，这就得罪了他的上司，甚至触犯了龙颜。虽有校书之职，难行校书之实，故欲归而教书。时有同僚劝他留任，胡楚材回答说："仕进易，行道难，仕而不得伸其志，虽禄而有愧于心，君子不为也。"言毕弃官离京，退居故里创办书院，招纳乡里学子，平日里读书授课，闲时以琴酒棋钓自娱自乐。胡楚材善于文章，精通诗律，在寿昌县各地佳山秀水之地，多有题咏。

三、瀛山书院

瀛山书院是严州书院的一个范本，因其曾经五刻志书，文字资料十分丰富。明代王畿《瀛山书院记》："瀛山距邑西北四十里。宋熙宁时，有詹安者构书院于其冈，群族戚子弟而教之……其孙仪之始慨然有志于学，举绍兴二十一年进士，累官吏部侍郎。淳熙中，与朱晦翁相友善，往来山中，论格致之学，因为题方塘诗以见志。"

瀛山书院，在原遂安县。北宋熙宁年间（1068—1077），中宣大夫、遂安人詹安建双桂书堂于县西北之银峰之麓。"结庐其中，凿池引泉，注之以为方塘。"收詹氏群族子弟入学就读，詹安"躬教五子，皆登科第"。

外地士子也慕名而"负笈往学焉"。其孙詹仪之登绍兴二十一年（1151）进士，与朱熹相友善，常往来山中论格致之学，与商补大学格致章。南宋乾道七年（1171），朱熹第一次来游，作《观书有感》诗传世。淳熙二年（1175），因詹骙殿试第一（状元），故取"登瀛"之义改银峰为瀛山，其书堂亦改名瀛山书院。张栻也曾讲学于此。之后久历风雨，院舍倾圮。明隆庆三年（1569），知县周恪重建。共有屋宇二十四楹，中为格致堂，前为登瀛亭，后为三贤祠。后在绪山钱德洪祀祠后面建"大观亭"，又在方塘旧址构筑"一鉴亭"。隆庆五年（1571），知县吴拭谦到格致堂作"方塘"掌故讲课，寿昌人方应时、方世文等共捐田十余亩，作为书院田产。日久又废。清顺治年间（1644—1661），知县高尔修、钱同巉先后修茸，各捐资置田为书院田产。之后多次修复。其建筑有朱

瀛山书院遗址　沈伟富/摄

文公祠、詹先生祠、方先生祠、邑贤侯祠、乡先生祠、双桂堂、格致堂、大观亭、仰止亭、得源亭，也是岁久颓废。1921年，知事吕敦亮倡资修建，并组文化委员会以促其成。知事姚桓和余永梁为修院屋，开浚方塘，历时五年，耗资两千余元（银圆），担任董其事者多达40人。今仅存大观、得源三亭和半亩方塘遗址及朱熹咏方塘诗碑文（清代闵鉴重书）。现列为县级文物保护单位。

四、石峡书院

石峡书院创建于南宋淳熙元年（1174），坐落在原淳安县城北门外龙山背后的石峡山岙里，因"其地俯临石峡"而得名，系方逢辰之父方镕创办的家塾，为方逢辰读书讲学著述处。同乡人榜眼黄蜕、探花何梦桂同时讲学其中，从游者达数百人。方逢辰原名梦魁，字君锡，号蛟峰，淳安县县城高坊人。淳祐七年（1247），石峡书院黄蜕得中榜眼，方逢辰以"状元留后举，榜眼探先锋"向黄蜕祝贺，黄蜕答复"欲与状元留地位，先将榜眼破天荒"。过了三年，方逢辰果然高中状元，宋理宗改其名为"逢辰"。咸淳七年（1271），度宗皇帝赵禥赐"御书院"额。元至元初，江南浙西按察佥事夹谷之奇，请方逢辰的长子方梁任山长。方梁"悉用武夷规模，置居仁、由义、复礼、近知四斋。每旦签讲略说大义，长谕是正之、正录明辨之。具有课程如六经、三史、通鉴纲目、近思录、通书、西铭之类"。后教弛而学废。元至大三年（1310），寿昌县知县爱祖丁以兴学为己任，重修堂斋，以奉祀方逢辰、方逢振、黄蜕、何梦桂，王应午任院事。明代几度兴废。

石峡书院在南宋淳祐年间出了状元方逢辰（淳安县城高坊人）、榜眼黄蜕（合洋人）、探花何梦桂（文昌人），他们的居地相隔不足一百华里，故民间俗称"百里足三元"。加之何梦桂之侄何景文，亦为何梦桂同榜进士。宋度宗得知此情后，特钦赐御书"一门登两第，百里足三元"的联句。自南宋理宗淳祐元年（1241）至咸淳十年（1274）的 34 年间，共 12 次考试，淳安县有 308 名学子进士及第，其中经石峡书院培养的就有 74 名。由此可见，石峡书院的确是人才辈出之地，正如书院楹联所云："继往开来，天传日月家传宝；重今厚古，地有山河国有材。"明代淳安籍状元、宰相商辂在《方逢辰文集》序中写道，"素勤想慕，往岁家食时，尝敬造石峡山中，追寻先生遗躅"，敬慕之意溢于纸上。

从志书记载的资料看，石峡书院的建筑规模较大。《（光绪）严州府志·山川》记载：石峡书院原为"钱时宅，在招贤里，融堂先生钱时所居，其讲学著书之所，为斋四、为堂三、为亭五"。牟巘在《重修石峡书院记》中写道："书院悉用武夷规模，置居仁、由义、复礼、近智四斋。"宋末，寇匪肆意纵火焚毁宫舍民居，唯有书院得以侥幸保存。明初，书院田产悉数收归官府，生员在州县庠学攻读，书院因此渐渐废弃。明正统四年（1439），知县洪渊在旧址上重建祠堂。明成化十三年（1477），知县汪贵又予以修葺。正德年间，知县高鹏重修。

1959 年，新安江水电站建成蓄水，石峡书院随着淳安老县城贺城一道沉入水底。据当时在淳安报社工作的王召里先生说，在水淹之前，曾见到宋度宗御笔的"石峡书院"刻石门额就弃置在一座公路木桥边。2015 年 4 月，淳安潜水爱好者胡建明在水下找到了石峡书院旧址，拍下了由清末状元、中国近代实业家张謇题写的"石峡书院"石质浮雕，署名为"南通张謇"，石材为淳安本地的茶园石。2001 年 6 月 28 日，当地政府投资在龙山岛的中部建成新的石峡书院，占地 11000 平方米，主要建筑格局由一厅一堂（书院学堂）一祠（先贤祠）两斋（复礼斋、居人斋）组成。以徽派建筑风格为主基调。复建时，力求秉承"修旧如旧，保持原貌"的宗旨，如屋檐和梁柱一应采用淳安民间旧祠堂所用的屋料组装而成，古朴不失真实，典雅不失韵味。

五、钓台书院

宋代郑瑶《钓台书院》："钓台距城五十里，范文正公始创祠宇……绍定戊子，知州陆子遹始创书院。"钓台书院在建德县治东 50 里。原为汉严子陵躬耕处。宋景祐元年（1034），知州范仲淹始建严陵祠于建德县城东严陵山（今富春山）下。绍兴四年（1134），知州颜为曾经加以修葺整理，并命名其楼阁为"客星"，轩台为"羊裘"。绍兴八年（1138），知州董弅在该祠堂左侧建筑了"招隐堂"。淳熙五年（1178），知州萧燧重修，吕成撰写了《重修记》。绍定元年（1228），知州陆子遹在钓台下创办了书院，修筑高风阁，置经、史、子、集部类书籍，训迪严子陵、方干二家子弟。淳祐元年（1241），金华王佖知严州，首次修建了斋舍。淳祐十一年（1251），知州赵汝历又加以拓建。官厅左侧为先生祠。羊裘轩、客星阁一如旧有。官厅右侧为讲堂，北为复屋（第二进房屋），南面临江（富春江）修建楼阁一座。有明善、希贤、尚志、修己四斋。书院之右山腰有亭，岁久倾圮。淳祐十二年（1252），知州季镛经奏请朝廷，以州学教授充任书院山长，依照每季度的第二个月由知州前往献祭致辞的旧例，遣山长率职事致祭，季镛亦经常前往。元至正元年（1341），建德路（即旧时严州）总管罗廷玉、山长沈元鼎兴修屋 49间，不久即在元末战火中被毁。明正统元年（1436），知府万观开始重建，傍辟二轩，山腰仍建亭。弘治四年（1491），知府李德恢再次重建。

从各种记载情况看，钓台书院曾经建有祠宇、客星阁、羊裘轩、招隐堂、燕居堂；有门庑"燕居之门"、讲堂"清风堂"、复屋"遂高堂"、云峰烟水阁、会友炉亭；有四斋：明善斋、希贤斋、尚志斋、修己斋；山长、堂长有位，祭器有库，储蓄有仓，庖湢有所；并改造了书院右侧的登台路，山腰有亭，以供憩息。东台旧有亭，更为亭西台，对立相望，第董事者识。上述记载，足见钓台书院规模确实不小。

南宋末年，著名哲学家、教育家、文学家金履祥，曾在钓台书院任主讲，一时四方学士云集，学生遍及今之浙、闽、徽等地。金履祥一边讲学，一边相继写下了《通鉴前编》《尚书表注》《大学疏义》《论语集注考证》《孟子集注考证》《书表注》《濂洛风雅》《太极图画书》等著作，皆有独到见解。据宋《（景定）严州续志·郡官建置》记载："钓台书院山长以州学教授兼领……"说明钓台书院在州郡的地位之高。宋景定三年（1262），严州籍进士濮桂发任严州州学教授，兼钓台书院山长。寿昌县解元胡诚一曾任钓台书院司书，严州籍人吴焕仕曾任钓台书院教授，骆正大、方文豹，元剧作家宫天挺，钱塘块士叶桢、沈元鼎、徐文麟、钟成孙等先后任钓台书院山长、堂长。

六、丽泽书院

丽泽书院是由知州张栻、州学教授吕祖谦创立的。宋孝宗乾道五年（1169），抗金名将张浚之子张栻出任严州知州；同年，著名学者吕祖谦出任严州州学教授。张栻也是著名的学者，曾在湖南岳麓书院讲学，十分重视教育。到严州上任不久就迁走了挡在州学南面的旧尼庵，使州学大门改为南向，光大了学校的门楣，并与吕祖谦共同创办了丽泽书院，邀请理学大师朱熹前来讲学。一时"东南三贤"齐集严州，办学讲学，著书立说，在严州教育史上留下了一段佳话。

严州的丽泽书院与丽泽堂虽然有关联，却是两码事。《（民国）建德县志》记载："刘荣玠，清湖广阳春（今广东阳春）人。道光六年（1826）任严州知府，十年离任；十二年冬复任。重视教育，重修双峰书院丽泽堂，并为之作记。记文叙及南宋张栻守严曾于此建丽泽书院，与紫阳朱子、东莱吕子往复讲道不倦。"

这段记录表明，丽泽堂是文渊书院（双峰书院）的讲堂，丽泽书院是张栻、吕祖谦创建的书院。罗嘉许先生在《严陵旧事》一书中说："丽泽堂，是清初时文渊书院的讲堂，这堂名取自建于南宋时的丽泽书院。"

关于严州是否有过丽泽书院，学界向有疑问。南宋大学者吕祖谦曾经在其故乡金华创建了丽泽书院，是南宋四大书院之一，十分有名。但是好几位严州地方官都认为，与吕祖谦同时任职严州的大学者张栻也在严州创办过丽泽书院。如作于清嘉庆八年（1803）的《双峰书院记》云："宋乾道初，南轩张宣公由直秘阁起知严州州事，特创丽泽书院，俾多士肄业其中，士习文风，一时称盛。"作者陈家骐时任严州府学教授，还有作于道光十二年（1832）的《丽泽堂记》："昔张南轩先生来牧严州，建丽泽书院与此地，与紫阳朱子、东莱吕子往复讲道不倦。自南宋以迄元明，频遭兵燹而遗迹荡然。"作者刘荣玠为严州知府。张栻与吕祖谦于宋孝宗乾道五年（1169）同时任职严州，两位都是天下闻名的大学者，与理学大师朱熹并称"东南三贤"，可谓"黄金搭档"，在严州任上办了不少好事、实事。吕祖谦更是着力整顿学校，制定学规，两位大学者把一个小小的严州州学办得风生水起，声名大噪。

严州有没有丽泽书院虽有异议，但丽泽堂是确实存在过的。据刘荣玠《丽泽堂记》介绍，丽泽堂设于文渊书院（后改名双峰书院）之内，是为书院之正堂。他在《丽泽堂记》中说："托丽泽之遗规，问朱、吕之故事，与多士朝夕讲习其中……异日人文蔚起，道德文章将怀宋贤后晖（辉）映于六睦，岂非堂之光也欤！"

清康熙五十八年（1719），严州知府吴昌祚，在梅城九中弄北端，兴建了文渊书院，聘请严州有名望的进士张云鹗为教师，重兴教育，一时风闻四方，各县来府治梅城求学者，络绎不绝。当时，陈诜在记中说："科名鹊起，文教重兴，中丞公闻之，喜额其堂曰丽泽，盖以南轩先生耦公，冀其前后辉映，为国树人，传世不朽也。"

张栻、吕祖谦与严州学人士子同探经义，共析疑难，这不仅是山城的佳话，更是严州文化史上的盛举。而吴昌祚则在丽泽、会文两书院"一毁于元初，再烬于明季，荡然无复存者"的时候，捐出俸银建书院、兴教育，故而以张栻来比吴昌祚，这是很高的赞誉，也是盼望吴知府在严州文化教育事业上新创一个兴盛时期。这就是用古丽泽书院之名，为文渊书院讲堂题匾的深切寓意。由此可见，历代良官贤宰对教育的重视，他们为官一任，造福一方，身体力行，令后人钦敬。

七、岑山书院

清《（光绪）严州府志·山川》载："岑山，在县东二十里。孤峰峭立，麓有石室，可容数人，宋国子监丞郑彦尝构书院，其址犹存。"宋朝国子监丞郑彦在旧寿昌县东二十里岑山（今更楼街道石岭、甘溪村西，湖岑畈村东）建构岑山书院。据说，当时岑山山麓有个天然山洞，可容数十人，宋元祐年间（1086—1094），寿昌籍进士、国子监丞郑彦建岑山石室，读书授徒，名之曰岑山书院。

郑彦，字季英，寿昌县一都龙溪（今建德市更楼街道）人。专注于学习研究《春秋》，宋元祐六年（1091）进士，授崇阳尉，再任青田丞，

岑山书院遗址　沈伟富/摄

继而任真州司户，后奉召授宣议郎、国子监丞。郑彦从政为官以真诚爱民为本，每到一地都积极劝导农业生产，兴办教育。父亲郑通，景祐中进士及第，也曾经担任过监丞，因此，人称"大小监丞"。

郑彦家居龙溪，离岑山不远，办学于岑山石室，既可教学子读书识理，又可使自己在秀美的山水之间放纵闲性。郑彦创办岑山书院兴教传道，影响深远。时隔二百多年后，明代同乡徐谊还作《岑山书院》诗，歌颂他办学兴教的功德："九曲岑山九曲奇，万年高树万年枝。水盘幽涧通池远，花碍深云落地迟。种竹生孙添旧谱，唤茶留客了残棋。监丞去后留遗迹，依旧烟霞似昔时。"

八、城山书院

城山书院，由北宋时的胡国瑞创办。《富塘胡氏宗谱》记载：城山书院"在万福寺西，建屋三间，宽明幽雅，竹木繁阴。昔侍郎府君（即胡国瑞）未第时读书其间。迄今故址尚存"。同一谱本里，还载有寿昌城坊后街人、明成化五年（1469）岁贡、瑞金知县方英所作八景之一的《城山书院》诗："高士幽居倚碧岑，小堂结构北山阴。月移竹影来书幌，风送书声出远林。搁笔漫倾蓝尾酒，焚香迭奏响泉琴。圣贤遗迹成荒土，留得芳名照古今。"

据说，北宋年间，寿昌桂村（今桂花村）有个叫胡彦思的人看到富塘街（今大同镇富塘村）南边有座山形似笔架，觉得若选择这样好的风水宝地定居，家里一定能出文曲星，于是就举家迁到这里安居。果然，自那以后，胡氏家族读书风气兴起，考取功名的人层出不穷。据《富塘胡氏宗谱》记载，自北宋末年至明朝末年，胡氏家族就有33人取得贡士以上功名，其中进士13人，仅宋崇宁二年（1103），富塘胡氏一个家族就有四人同登进士第，这在中国科举史上也是不多见的。这一年登进士第的胡国瑞，更是当地历史上一位非常杰出的人物。

胡国瑞，字嘉言，又名彦嘉，以博学著称，尤其在地理图籍方面有很深的造诣，曾参加过大型国家级地理书《元丰九域志》的编纂工作。他还担任过校书郎和著作佐郎的职务，后调任国史馆编修，从事史书的编纂工作。胡国瑞的妻侄王黼，当时也在朝中为官，且官位比胡国瑞高。作为姑父的胡国瑞深知王黼的为人，知道他是一个伪善而又贪婪的两面派。虽然王黼身居高位，但胡国瑞从不肯以亲戚的关系去捞什么好处，反而常常为国家大事和王黼争执，闹得不欢而散。王黼恨透了胡国瑞，欲置胡国瑞于死地。幸好不久王黼就垮台了。王黼倒台后，有人以胡国瑞是王黼的亲戚为由，要将他一起治罪。好在皇帝知道胡国瑞和王黼政见不合，不应治胡国瑞的罪，但最终还是将他贬为舒州（今安徽安庆市）知州。不多久，胡国瑞就以年老多病为由，告老还乡了。

胡国瑞回到阔别多年的故乡，仍然十分关心国家大事，并且尽力为社会做一些有益的事。他在家乡开办义学，让蒙童免费来上学，并把自家的田地划出一部分来，作为培养读书人的经费，叫"赡士田"，后人称之为"义畈"。他还在万福寺开办了一所书院，叫城山书院，后又称西竺山书院，为富塘培养了大批人才。因此，富塘村胡氏宗族以城山书院为荣，族谱中的"八景诗"专门将城山书院作为一景。《富塘胡氏宗谱》记载，胡氏第九世族人胡孝行（胡国瑞侄孙），继承先人的义行，在乡设立义学一处，置地在自家主屋的东廊之后，每年"奉白金十两，以延道德之士师之"，以解决本族子弟及附近没有条件读书的外姓子弟就学问题。

九、蜀阜书院

宋时，淳安书院林立，仅蜀阜一村就有蜀阜书院、静乐书院、吾溪书院、世科书院、前溪书院、新江书屋等。蜀阜前后曾有徐义甫、徐贯、徐鉴、徐楚、徐汝圭、徐应簧等13名进士，仅蜀阜书院就培养出进士吕人龙、徐唐佐、徐梦高、钱允文、钱瑞琼、钱庆。而且还有不少外村人在此求学，如邵新、邵猷、吴祚等都中了进士，蜀阜真正成了进士的温床、人才的摇篮。朝廷称之为"招贤里"。

蜀阜书院，在淳安县招贤里，宋理学大家钱时讲学处。明代淳安人徐楚重建，名雉峰书院，后改社学。钱时号"融堂"，故又称"融堂书院"。

钱时（1175—1244），字子昱，宋严州淳安蜀阜人。幼时即表现出奇伟不群之才学。但他绝意科举，一门心思研究理学，精通《易经》。42岁始悟道，焚弃旧稿，拜杨简为师。杨简曾向朝廷推荐他，未果，遂以讲学为务。江东提举袁甫创办象山书院，聘请钱时主持讲席。南宋嘉熙元年（1237），钱时62岁，宰相乔行简等共同荐举他，称其"夙负才识，尤通世务田里之休戚利病，当世之是非得失，莫不详究而熟知之，不仅通诗书、守陈言而已"。理宗召见，特赐进士出身，授秘阁校勘。不久，钱时自求去职，外放出任佐浙东仓幕一职。后又得李心传荐举，授史馆检阅。不久又再次要求去职，改授江东帅属。创融堂书院，每日与生徒讲道，为当世大儒。《宋史》附"杨简传"于后。

十、五狮书院

清《（光绪）严州府志·山川》记载："状元台，在五狮山书院之后。宋枢密詹大方故宅，其孙骙中淳熙状元，因名，下有漱芳亭。"民国《遂安县志》载："五狮山在原遂安县治后，因五山联踞如狮，故名。学博萧彦立句：'云生石腋熊罴遁，风拂松髯虎豹疑。'"

五狮书院又名狮山书院，在原遂安县治东，宋代状元詹骙故居之地。其后有巨石屹蹲，宋时建亭其上，名状元台，状元台所在之地建有公馆。明隆庆六年（1572），知县吴㧑谦修葺改建为书院，购置田二十九亩三分为书院田产。万历年间知县韩晟改名五狮书院，田禅产增至三十二亩四分。书院前峙婺山，后则五狮诸峰。韩晟作《五狮书院记》，其中有句："其院有堂有庑，有亭有台池。则吴令汝亭为祭酒。"韩文又曰："台名状元，故詹学士居在焉。"由此可知直到明末之时，狮城尚存詹骙之故居。明清之时，遂安县举人进士名人多出于此。

韩晟在《五狮书院记》中还写道:"藉遂安,前峙婺山,后则五狮
戾焉,故以名院。旧矣,其院有堂,有庑,有亭,有台池。"可见,当
时五狮书院的建筑具有相当的规模,布局不小。

第九章

智蕴土木 物象万千

——宋代严州建筑

宋韵
严州

严州古城有着千年历史，建筑个体不知凡几。每座建筑物中，都有人物字画、山水云岚、珍禽瑞兽等，寻丈之间，内涵丰富。它是工艺与自然的完美结合，是一本厚重的文化典籍，是传统与时代联结的纽带，是多种文化因子的综合体。

营造建筑，是综合国力的实物体现。唐代是中国封建社会全面发展的鼎盛时期，经济繁荣，文化发达，建筑技术超越前代，其营造法式精湛，建筑往往规模宏大、气魄雄伟、规划严整、舒展平远。对建筑群体的处理和大面积、大体量的木建筑结构技术问题的解决能力更趋成熟，且走向定型化。设计工艺、施工水平的提高，促使砖石建筑得以进一步发展。

清末民初，严州府衙谯楼前的一尊"贪"石雕像　　（美）费佩德/摄

次感，无论是宫殿府第，还是民居园林，都给人以质朴、宁静、舒适的艺术享受。

南宋定都临安，作为三江要塞的严州成为京畿屏障，三藩节镇，潜龙之地，圣恩眷顾，得天独厚，故而营造建筑，颇具规模，亦具特色。

南宋时期严州建筑风格大抵属于皖派，即徽派。徽州人善于经商，古有"徽贾集而市兴"之说，他们顺新安江而下，来到严州做生意，也把徽派建筑技艺带进严州。这类融入古徽州文化元素的建筑，注重刻画

清末民初，严州府城墙上的梅花形雉堞　　（美）费佩德/摄

图案以装饰，白墙黛瓦，庄重典雅。普遍采用被誉为徽派建筑灵魂的马头墙，造型独特，既有装饰效果又能起防火作用，这在严州子城中的衙署楼台，街巷里的民居宅院，随处可见。

严州古城，元代有毁无建。明、清两代均注重营造，至清咸丰末年，屡遭兵燹，建筑个体近乎荡然，及至民国，仅存子城少量厅堂建筑及临江一段城垣。

一、远去的州城

城，墙也。无论是州府之城，或是民居之宅，皆为土石筑成的建筑个体。以城而言，若东西、南北径行则为长城，而罗列回环、首尾衔接则为罗城。长城无长短，罗城无大小，一切视营建者意愿和地理环境而制订营建方案。

1. 罗城

《（淳熙）严州图经》载："陈晟筑罗城。按旧经，周回十九里，高二十五尺，阔二丈五尺。"

唐中和年间，镇海军节度使周宝的副将陈晟，击败刺史韦诸而据睦州。中和四年（884），唐僖宗乃命陈晟为睦州刺史，陈晟为自守而修筑罗城。罗城即是外城。韦诸系刺史，当有州署内衙，尽管地方志书无有记载，但是，内城的存在当属自然。这从唐诗中也能寻到当年郡城的形迹。如杜牧任睦州刺史时所咏的《睦州四韵》："州在钓台边，溪山实可怜。有家皆掩映，无处不潺湲。好树鸣幽鸟，晴楼入野烟。残春杜陵客，中酒落花前。"阡陌楼台，人烟柳巷，勾栏酒绿，市井灯红，杜牧为世人描绘了一幅睦州城的水墨画。

同样，在唐诗中还能寻找到州城域界，如从刘长卿的《东湖送朱逸人归》《蛇浦桥下重送严维》等诗中，可知这里是州城东界。陆龟蒙的《新定陪太守一百五夜南馆玩月》有"一宵云尽见沧浪"，乃指城南新安江边。从他的《引泉诗——睦州龙兴观老君院作》中，可知龙兴观在乌龙山麓，也就是州城之北。而方干的《侯郎中新置西湖》诗，将州城西界说得十分清楚。刘长卿《题元录事开元所居》诗的颈联"冒风归野寺，收印出山城"，标明了州城西北角位置，因为元录事所寓居的开元

清末民初的严州府衙谯楼　　（美）费佩德/摄

　　进入宋朝后，宋太祖以"杯酒释兵权"的策略，加强了中央集权，并以重文抑武为基本国策，自此之后，文人地位空前提升，言论控制大幅度宽降，理学朝野阐扬，市民文化兴起，商业繁荣，经济发展，科技进步，这一切，在建筑事业之中都得到显著反映。

　　宋廷南迁之后，地域发生变化，营造建筑也随之变化。南宋的建筑风格以朴素大方为主，不求奢华，注重实用，设计理念以人为本，建筑个体纤巧秀丽，着意装饰，加强进深的空间层次，造型富有立体感和层寺，就在州城西北角的道场山麓。开元寺原名兜率寺，建于唐神龙元年（705），为睦州高僧陈道明幼年出家之处。道明长大后，游历四方，佛学精深，僧俗皆仰，被称之为"尊宿"。唐武宗大行灭佛运动，天下名寺几近殆毁，道明和尚回转睦州，在开元寺旁的小山岗上搭草庵而居，编织售卖蒲鞋，以奉养老母，人称其为"陈蒲鞋"，称草庵为"尊宿庵"，称小山岗为"道场山"。清末民初，庵坍基存，故梅城人呼之为"庵基"。上述唐诗所涉，大致可见睦州唐城的四至八到。陈晟营造罗城，这是方志记载的睦州第一次筑城。

第二次筑城是在北宋。

北宋宣和年间，方腊反宋，毁坏州城。宣和三年（1121），方腊反乱事平，知州周格重筑睦州城。《（淳熙）严州图经》载："城有八门：东曰望云，南曰定川、曰安流，西曰安泰、曰和平，北曰嘉贶，东北曰百顺，西南曰善利。"两宋更迭之际乃多事之秋，州城颓坏亦无力修缮，某些地段仅以竹木篱笆作象征性的围挡，以限民众随意逾越。

南宋嘉定六年（1213），知州宋钧对州城进行大规模修筑，历时一年半，重筑墙垣东西长八百二十二丈，南北三百四十四丈，并将所有坍塌之处修补完整，工程质量甚好，如沿江一带，虽屡被江涛侵袭，但历久依然完整无损。

元末，顺帝于至元年间（1335—1340），下诏摧毁全国各路城池，严州城垣猛遭浩劫。

至正十八年（1358），朱元璋部将李文忠，会合邓愈、胡大海之兵，攻取建德路。两年后，李文忠改筑严州城。这是方志有载的州城第三次大规模的营造。

李文忠将周围十二里二步的宋城，收缩为八里二十三步，并向东南方向移出。明《（弘治）严州府志》载："西北移入正东三百五十步，正北移入正南八十五步，正东移出一百六十步。"府城西、北、东三面，皆改址移筑，唯有正南城墙未动。

自李文忠筑城完毕，直至清道光之前，历代方志所载皆为五座城门：东曰兴仁，南曰澄清，西曰和义、曰武定，北曰拱辰。道光之后，才有六座城门。

清道光二年（1822），聂镐敏任严州知府。他在考察府城街市时，发现城南一处巷弄，居民呼之为"小南门"。聂镐敏惊讶有其名而无其门，于是走访耆老绅士，并查阅鱼鳞图册，发现册书上有小南门之名，且有编号，便按地号踏勘，发现该号系财神古庙，庙内神前有石香案一座，上刻"大明崇祯七年岁次甲戌仲夏立"十四字。这座小庙的建立，似乎是专门为掩饰小南门的旧迹。又登城四望，对照西城有和义门与武定门，而武定门又称小西门，推断南城当年亦应有澄清门和小南门。于是召集绅士百姓，阐述重启小南门的重要意义，民众均表示赞同。之后，由严州府衙门主持，选择吉日开掘，修整后，题"福运"为小南门的正名。聂镐敏为此特地撰写了《重开小南门记》予以详述。

2. 子城

子城，在府城北端，《（淳熙）严州图经》的"子城图"，虽属后附，然亦可见昔年形迹。府城中的子城，按营造规制为：周围三里，四方开门，东、西二门在授官厅的两厢，北门在州宅偏西，正南的城门楼上建有城楼，即谯楼，俗称鼓楼，鼓楼下的城门洞，就是府衙头门，宋时为遂安军门署理办事处。

宋以后历代，子城内改筑不一，至清末民初，大体犹存旧貌。清宣统三年（1911）十月，废府制，设立军政分府，治所仍旧。民国元年（1912）十月，分府制又废，建德县治从字民坊迁入原严州府治的子城。新中国成立后，子城为建德县人民政府所在地，直至1960年8月迁往白沙时为止。

坐落在乌龙山麓的子城，倚山临水，镇北安南，营建有方，格局完美。府门前有巨大照壁一座，高约四丈，宽五丈有余，仿如屏风般地遮掩着府门。照壁南面，正对府前大街有石雕一座，其名曰"贪"，梅城市民俗称"四不像"。传说，这只怪兽什么都能吃，金银铜铁，入口即化，故严州人谐其音为"吞"。某夜，怪兽走到新安江边，见晧月中天，晶莹明亮，很想尝其滋味，偶一低头，见江中水里同样有一轮圆月，就纵身跃入江中吞食月亮倒影，不料就此淹死在新安江里。人们把它的雕像放在府门前，就是为了告诫后人不可贪婪。

府前街北止于照壁，分东、西两通道，避照壁而向府门，府门前有一块空阔场地，门两旁有石亭、石碑。穿过子城门洞，也就进了府门，继续北向而行，有石板铺砌的甬道，宽近三丈，两旁植冬青行道树，行进至百米处，有仪门，也就是二门。

仪门，按古制有正门和东、西两偏门，东曰青龙，西称白虎，1948年时，仪门已是木制栏栅一道，以隔出入。跨进二门，两边是东西相向的平屋，檐高丈余，杉木间隔，房涂赭色，纸糊窗棂，旧时是知府下属的六部曹司办公之处。中轴线上有厅堂三座，第一座为设厅，是集会、议事、宴请的地方；第二座是佐使办事之处，悬匾名曰"坐啸"；第三座是黄堂，是州府长官办公之地。

设厅南面有戒石亭一座，亭内立戒石碑一方，正面朝南，镌刻"公生明"三个大字。《荀子·不苟》章中有"公生明，偏生暗"之言，后人取之，作为官吏箴规。戒石碑背面正对设厅，上刻"尔俸尔禄，民脂民膏。下民易虐，上天难欺"十六字。这是宋太宗从后蜀君主孟昶所制的戒饬官员令中摘取出来的，作为告诫官吏的训典，所以历代府县州衙之中，均立戒碑，有的覆以戒亭。

厅堂的东边是东圃，即潇洒园池。园中因地制宜，建有楼台亭阁，水榭荷池，是州府长官休闲之处。

自宋以来，子城中西园东圃，营造了不少亭阁，诸如高风堂、千峰榭、潺湲阁、拟兰亭、杏园、桂馆等，各有其义，尽显巧思。明万历年间严州知府毛志尹在《修复后乐园记》中所称的"是后乐一园之胜"，其实也抒发了子城园圃风情。

3. 牙城

牙城，建在内城之中，是为护卫节度使而构筑的第三重城，也称作内罗城。《资治通鉴》"唐纪"中有《雪夜袭蔡州》之篇，中有"元济始惧，乃帅左右，登牙城拒战"之语，可见牙城之构筑，具有易守难攻的特点。

宋代遥领睦州军（遂安军）有三个节度使，但均未见方志有营造牙城的记载。推其原因，盖系遥领，并未实际入驻领地，所以没有构筑护卫节度使的牙城。

明嘉靖二十八年（1549），严州知府庄壬春为防倭寇逆水而上，侵犯严州，在子城中"并分司旧地，建檀贤馆，砌内罗城"。这处内罗城，就是睦（严）州见之于方志记载的唯一一座牙城。

二、龙山下的八字衙门

1. 府治

府治即州治，是州府长官理事办公之处。

唐代睦州的州治，虽有规模，但方志并无记载，只是在唐诗中依然可以寻到一些形迹。睦州司马刘长卿《题元录事开元所居》有云："冒风归野寺，收印出山城。"元录事办公在州衙，寓居却在开元寺。其他也是如此，梁侍郎、耿拾遗、萧郎中等京官任职于睦州的，皆居于寺中，萧郎中还在开元寺里修建了一座"幽寂亭"，作为自娱之所，刘长卿也为之写了一首《题萧郎中开元寺新构幽寂亭》诗。从这些诗中可以看到，唐代的州衙在州城的西北角。《（淳熙）严州图经》也如是说："州衙，在子城西北角，旧制甚备，经方腊之乱，荡然无存。"

北宋宣和三年（1121），知州周格重筑州城，时值乱后，国库空虚，周格在筑州城时，虽然在北门近处修建了子城，但也是"仅足公事而已，冶游之地，往往荒废。自千峰榭、高风堂、潇洒楼之外，余皆名存实无"。南宋时，对州治稍加营建，增添设厅、黄堂、正厅等建筑个体，至此，州治才称得上州官郡守的居住之地。宋末，这些土木构成的建筑，又遭兵燹，遗存无多。

元末，李文忠攻取建德，于至正二十一年（1361）移筑严州府城并构筑子城，府治才"坐龙山之正脉"。

明洪武初始，府治建有官员集和、议事的正厅，经历、司马居住的官厅，知府居住的正宅及六房吏舍，有库房、正门和仪门等。洪武十七年（1384）之后，经宣德、景泰、天顺、成化、弘治、嘉靖诸届知府、同知、通判等官吏共同营造，增改添建，规制逐渐完备。万历五年（1577），知府杨守仁捐出俸银，购买建筑材料，重建坍坏已久的后乐楼及正堂，改堂名为"靖共"，才基本恢复旧日规制。

清代沿袭明代规制，虽无大增大建，但屡有修缮。咸丰末年，太平军与清军反复据失，府治再遭兵燹，宇舍焚毁，仅存架木。清末，废府制。

2. 县衙

唐万岁通天二年（697），睦州州治从雉山（淳安）移到建德，建德县治成为睦州治所。古制，凡是没有独立县城的县，其衙署附于州、府城中的，称之为附郭，依此，建德成为睦州的附郭县，县衙尚在郭内。

《（淳熙）严州图经》："建德县衙在子城东。"《（景定）严州续志》："县为附庸，县治在子城外东。公厅之左为近民堂，右为清白堂，中有道爱堂。"明《（万历）严州府志》："在府治东南四百五十步之字民坊。"

入元，县衙的一厅三堂等各式建筑，悉毁于兵乱。元末，李文忠移城，重新整修了州衙。然因战事未平，财力有限，县衙没有重建。直至明洪武三年（1370），知县刘复礼复建县衙。

之后，至清咸丰末年，县衙屡有扩建、增建和修葺。其间，明万历十年（1582），俞汝为知建德县事，继作营造。在仪门之左，兴建了一座护佑一方的土地祠，大门之西，兴建了一座亲贤馆，并改大门为鼓楼三楹。建德为原富春县之地，俞汝为把衙前的司牧坊榜名改为"富春治坊"，以昭郡县之古；又在大门左右两侧重建旌善、申明二亭，大体完善了县衙规制。清同治初年，严州知府宗源瀚倡议全面恢复在太平天国战乱中毁坏的建德县衙署，经奏请拨付库银三千两，但费用仍不足，原准备向百姓募捐，因乱后百姓生计艰难，此倡议作罢。

民国六年（1917），在建德县治所成立浙江省甲种森林学校。此地今为建德林场，而古垣如旧。

3. 厢军营

睦严之地，三江要塞，向有驻军巡守。《（淳熙）严州图经》载：禁军有成果营、雄节营，驻扎于望云门（东门）内街的南、北两侧。厢军有三营：崇节营驻军门内（子城）之街东，壮城营驻安流门（小南门）内，牢城营在州南。所谓厢军，为宋太祖鉴于唐末藩镇割据的教训，于建隆初颁旨建置。朝廷诏令选州兵壮勇者，送京师充禁军，其余皆留本州，不加训练，只当劳役。至仁宗时，才予整训，以备防守，改劳役之卒为防守之兵，称之为厢军，其实质就是地方武装力量。

明代，洪武二十年（1387），设立严州千户所，承宋代厢军基本职责，衙署设在府治东南善政坊内。

清代，几经变革，驻扎严州的地方武装由副总兵（副将、协镇）节制，严州吏民尊称为"协台"，驻地就称之为"协台衙门"，也有称之为"总兵府衙"，所以协镇驻地的亲仁坊磊（偏）石巷，又有"总府街"的称名。

三、长桥卧波通天堑

严州城地处三江汇口，古时新安江河道常年水深四五米，两岸往来需要凭借舟船，或以舟船联系搭建浮桥。境内其他溪涧之上，往往修建各类桥梁以利交通。

1. 浮桥

睦州最早架设浮桥，时在北宋。治平三年（1066），刘述知睦州，见州城定川门外新安江水流湍急，阻隔行旅，且碍城乡物资交流，于是在新安江上"维舟以为桥，利济斯民"，桥成后，请钱勰作《睦州新作浮桥记》。刘述请刘勰作记，用意很深，他深知营建在水上的木质浮桥，风吹浪打，日晒雨淋，人畜践踏，损坏是必然的，损则建，坏则修，但没有架过浮桥的后来者，有不知其费用而畏之，如坏而不修，黎民百姓，往来行旅则又苦于渡，令后人知"其用不侈，无惮其继"，久久维之，就能让百姓安危济度。

五十年后，这座由一百二十余条小船组成的浮桥因屡有损坏而毁，两岸民众再次面临渡涉之苦，虽说费用不多，然要维修如初，亦非小数。南宋绍兴七年（1137），知州胡寅重建桥梁，并改政平桥之名为"永通"，又于江心浮桥之上构一小亭，名曰"卧龙"。宝祐五年（1257）知州李介叔对浮桥进行修缮，四年之后，知州钱可则对浮桥之船全部予以更新，并更其名为"济川"。又在桥之北端、定川门外津口处，筑一小亭，作为行人暂避风雨之处，名为"要津"。

除钱鎴之记外，另有三记：一是黄灏为知州郑之悌撰，一是徐邦宪为知州谢德舆撰，一是方逢辰为知州李介叔撰。上述四记，可作宋代浮桥史。

元末，李文忠移建严州城，浮桥遂废，唯存系浮桥的大铁链二条，原存于府库，明代不知何年，金华造浮桥被借用，当年有借据收存，今见于方志之记。

2. 太平桥

古时名伏龙、龙津。《（淳熙）严州图经》："伏龙桥，在州南市中。"《（景定）严州续志》："在市心五圣楼下，曰龙津桥。旧名伏龙。"

太平桥　胡建文／摄

明代称为太平桥，明《（万历）严州府志》："太平桥，在府治南正街，上有五圣楼。"

太平桥桥下是玉带河，为水道；桥在市心，北连府前街，南接正大街，是人道。跨桥上之祠楼，凌耸于空，是为神道，人神与共，凌驾于一水上，很少见之于他处。

桥名也有多重意义。早名伏龙，此处向来地势低洼，常遭水淹，而龙御云雨，"伏龙"则有期望减轻灾害之寓意。又名龙津桥，龙津即龙门，鱼跃而化龙之处。化龙，即非凡品，是庠生、学子之望，桥名龙津，寓鼓励学人之意。

桥上建有神祠，也有二名：一为五圣楼，一为灵顺行祠。五圣楼之神是五圣，也称之为五通。《（淳熙）严州图经》载：五通庙在子城之西，唐宋以来，即有此名。

3. 佘浦桥

佘浦桥，在梅城城东碧溪坞口，唐时称蛇浦桥，唐代大诗人刘长卿贬官作睦州司马时，寓居碧溪坞，近三江而临浦口。蛇浦桥在州城东门外，

新老虎桥　沈伟富／摄

谪官往来，诗友迎送，皆在蛇浦桥边，甚似灞桥折柳之风情，孤帆远影之诗意。刘长卿《送耿拾遗归上都》云："若为天畔独归秦，对水看山欲暮春。穷海别离无限路，隔河征战几归人。长安万里传双泪，建德千峰寄一身。想到邮亭愁驻马，不堪西望见风尘。"

宋代，蛇浦桥称为佘浦桥。佘浦桥东边、碧溪坞涧水入江浦口处另有一座桥，名"青云桥"。因修筑东城引涧水为护城河后，青云桥下涧水故道犹存。碧溪坞山洪暴发时，洪水所挟泥沙山石，尽入护城河，时久，佘浦桥洞逐渐淤塞，涧水重返故道从青云桥入江，佘浦桥遂废。

青云桥原是垒石为墩，容易受洪水冲击而坍塌，常常阻滞行人旅客。明洪武初重筑，至成化七年（1471），知府朱暄为之修筑一新。清康熙七年（1668），严州协镇鲍虎捐出俸银，改建青云桥为石拱桥，旁护石栏，又雕石虎4只以为镇，于是人呼青云桥为老虎桥。1969年富春江电站水库蓄水后，老虎桥被淹没。

恢复严州古城建设中，在碧涧口这一片汪洋之上，一条由21艘木船连接而成的新老虎桥，于2022年12月25日组装竣工，浮于水上，横跨浦口，成为一道亮丽景观。

四、休闲与寄意的亭榭

严州多亭台，且多为纪念宋代名人贤牧而建。

1. 千峰榭

榭，是建造在高台上的平屋，构筑时，先积土为台，以成其高。睦州的千峰榭，"跨子城上"，借城墙以为台，四面开窗，中无间隔，古代用于存放军械器具，后来子城中另建架搁库置兵器，榭即弃其藏库功能；却因其高，可登临观景，收山水岚烟景色，览田园市井风光。唐代诗人方干登临诗兴，乃有《题睦州郡中千峰榭》之吟："岂知平地似天台，朱户深沉别径开。曳响露蝉穿树去，斜行沙鸟向池来。窗中早月当琴榻，墙上秋山入酒杯。何事此中如世外，应缘羊祜是仙才。"《（淳熙）严州图经》言："千峰榭自唐有之，即来源此诗。"

宋景祐初，范仲淹知睦州时，在子城久废的旧址上，重建千峰榭，高阁凌云，万千气象，真是"江山如不胜，光武肯教来"。人既潇洒，阁亦潇洒，北宋重臣王十朋有吟："偶上千峰榭，因思小范公。桐庐潇洒处，尽在十诗中。"宣和年间，千峰榭因战乱被毁。后有人在废址上另建新阁，易名"泠风"。南宋绍兴二年（1132），知州潘良贵整修旧阁，除去"泠风"匾，恢复"千峰榭"之名。

淳熙十三年（1186），爱国诗人陆游以朝请大夫知严州。陆游胸怀经世之才，却终身难伸其志，临老了，"寂寞已无台阁梦"，从赋闲在家，起知严州。在严州，诗人总会想起重建千峰榭的范仲淹，对之有一种特殊的情感。范仲淹虽曾数贬，然也曾统帅三军，镇守边陲，为国为民取得一份安宁，犯边异族慑其声威，闻名胆怯，尊之为"小范老子"。陆游在《官居戏咏》中说："说著功名即自羞，暮年世味转悠悠。一庭落叶楸梧老，万里悲风鼓角秋……"陆游每登千峰榭，都会激起满腔愤懑："勒铭燕然石，千载镇胡儿。安能空山里，冻砚哦清诗！"

陆游在严州所作千峰榭诗有11首之多，其兴发之时，任凭风雨，无论昼夜，有时竟在千峰榭上一坐到天明。其《夜登千峰榭》曰："夷甫诸人骨作尘，至今黄屋尚东巡。度兵大岘非无策，收泣新亭要有人。薄酿不浇胸垒块，壮图空负胆轮囷。危楼插斗山衔月，徙倚长歌一怆神。"陆游报国之心，于此或见一斑。

自唐代就有的千峰榭，在宋代由范仲淹重建，陆游常登临，后人为纪念二位先贤，寄托于名楼，此亭也成为一处胜迹。

2. 竹阁与思范亭

竹阁，《（淳熙）严州图经》载："在能仁寺南偏。范文正公守郡日喜登，尝赋诗，后人更名思范。绍兴九年重葺，复旧名。"

北宋景祐元年（1034），范仲淹知睦州。下车伊始，即广求民瘼，抑豪扶弱，大办学校，修建严子陵祠，并寻访严氏后裔四户，免其徭役，专司奉祠堂祭祀之责。夙夜辛劳，自忘形体，以致旧疾复发。

睦州刑事推官章岷，一向敬仰范仲淹的操守，于是不时陪同范仲淹寻幽探胜，散心疗疾。章岷在陪范仲淹到城西北隅的承天寺游玩并登临竹阁时，作《陪范公登承天寺竹阁》诗："古寺依山起，幽轩对竹开。翠阴当昼合，凉气逼人来。夜影疏排月，秋鞭瘦竹苔。双旌容托乘，此地举茶杯。"范仲淹也作一诗酬和："僧阁倚寒竹，幽襟为一开。清风曾未足，明月可重来，晚意烟垂草，秋姿露滴苔。佳宾何以仁，云瑟共霞杯。"

同年六月，范仲淹离任，移守苏州，睦州吏民思之，将竹阁更名"思范"，南宋绍兴九年（1139）重葺，复"竹阁"之名。后坍圮。

明景泰四年（1453），知府刘纲根据在道场山麓发掘出土的一块吟怀范公的诗碑，重建了思范亭。该诗碑上刻有二诗，其二曰："竹石寒相倚，云窗晓共开。闲身方外去，幽意静中来。声响风随籁，阴移石上苔。迟留更清夜，待月露盈杯。"落款："治平二年十月，尚书郎知郡事刘述书置于思范亭。" 此事在郡人胡拱辰的《思范亭记》有记载："斯亭旧名竹阁。出郡城小西门，行不一里，折而北不半里，有山如几然，当几之中为能仁寺，右偏为资福寺，能仁寺之南偏为竹阁。"

这座在竹阁旧址上建造的三开间的思范亭，后增祀严州府儒学教授吕祖谦，改名政教祠。明嘉靖乙未（1535），范仲淹嫡裔孙、提学副使范惟一，又增祀曾为严州知州的张栻，改为三先生祠，并移祠宇至资福寺北，寺北之竹阁，则移建至道场山上。

3. 秀亭

秀亭，是一座古老的建筑。《（淳熙）严州图经》："秀亭，在子城东东山上，前临阛阓，一览尽得溪山之胜，前贤赋咏多矣！亭废，后人作小屋其上，名高胜。"南宋绍兴八年（1138），知州董弅命撤去，即故基重建，榜以旧名。亭在东山东南偏的平岗上，这座山岗就被称为秀亭山。

南宋宝祐元年（1253），杨敬之来严州任通判，通判廨舍在秀亭山西麓，杨敬之在亭的旧址上重建亭子。宝祐三年（1255），新任通判吴坚恢复"秀亭"旧名。

秀亭山不高，然林木蓊郁，寒泉从崖隙间逸出，名"秀泉"。人凿二池以蓄，清同治间严州知府宗源瀚题名"二泉"，泉旁建一小亭，为二泉亭。泉水从池溢出南流入双桂坊，流出坊巷口，分东西两道各自流湍，名为"随龙水"。20世纪50年代，有人在"二泉"池旁拓基建屋，后来陆续有人效仿挖山建屋，泉池因而壅塞干涸。

4. 潇洒亭与溪山伟观亭

潇洒亭，在城南巽峰，《（景定）严州续志》云："在光孝寺后山上。"这亦是一座去思亭，登临凭眺者，无不念及范文正公。北宋绍圣元年（1094），知州吕希纯《潇洒亭》诗云："郡因贤守得佳名，水态山光会此亭。云外僧归穿竹坞，日边鸥下集沙汀。浮梁倒影横雌霓，宝塔张灯叠万星。不独班春行田野，重缘香火叩禅扃。"南宋绍兴年间，曾知藤州的李洪亦有《登潇洒亭》诗："文正风流尚典刑，桐江画戟见诗人。丹青难写真潇洒，圆峤方壶此逼真。"

此处风景如同海外仙山，人们把美好的故事也与之黏合在一起。南宋开庆元年（1259）秋，钱可则入京觐见叙职，途经严州，登巽峰，叩寺塔，游潇洒亭台，并写下一首诗："有缘结得南山境，潇洒亭高最可人。此景古今吟不尽，熙熙客里且行春。"汉立规制，太守于春季巡视所管州县，劝民农桑，促民耕作，凡有不足和困乏者，则安排济助，称之为"行春"。钱可则路过严州，作"行春"之吟，竟是一个彩头。次年六月，即以承议郎、直宝章阁知严州，志曰："明年六月，开藩于此，岂非有行春之谶欤。"

景定二年（1261），钱可则于政事之暇，构建了一座溪山伟观亭。《（景定）严州续志》载："在府城上，朝京门之南，与南山潇洒亭相望。"这座景观亭地理位置极佳，在府城东门城楼南偏的东南角，山长水阔，有"群山献奇，二江成字，薨栋鳞层，桅樯上下，一举而尽得之"。

澄清门 胡建文／摄

五、从斥候演化到行乐的楼台

严州多楼阁。其中，所谓"阁"，本指门闩，也就是搁，"所以止扉谓之阁"。就营造而言，二层上的房屋或建在高处，如城门之上及城墙之四角，以便瞭望，战时用以斥候警远，平时则赏景行吟。严州景观之阁，在子城有面山阁、潺湲阁等。

1. 澄清楼

严州府城南墙近新安江，水际线波动不大，古郡楼之址亦无多大变化。澄清楼，唐时称"南楼"。唐宋多有咏澄清楼（南楼）者，唐如陆龟蒙《新定陪太守一百五夜南馆玩月》："风雨教春处处伤，一宵云尽见沧浪。全无片烛侵光彩，只有清滩助雪霜。烟蔽棹歌归浦溆，露将花影到衣裳。却嫌殷浩南楼夕，一带秋声入恨长。"宋如赵湘《暮冬新定郡楼闲望》云："江城逢岁暮，独自倚楼台。积雪明孤岛，微阳在早梅。水摇冰欲泮，春尽雁思回。故国正如此，归心但暗催。"

明代亦有汪广洋《宴建德南楼》诗："绮席张新宴，华裾纵合欢。蔗浆调碧碗，鱼鲙缕冰盘。高阁宜开晚，轻衣不受寒。坐闻弹锦瑟，凉月在阑干。"这南楼宴月诗，比陆龟蒙的南楼玩月更有情趣。

澄清楼从明到清，历代修城墙时，皆行修缮，融繁华市井与山水烟云于一体。至清末，澄清楼失修，摇摇欲坠，建德县知县困于国库维艰，呈请上司，拟将澄清楼与四周各门楼，全部拆除。梅城百姓闻之，力求保留沿江门楼，并由民间筹资修缮，大小南楼得以幸存于世。

而今，严州古城综合治理，澄清楼欣获生机，顿换新颜，巍然耸立在同改旧貌的澄清门上。

2. 潇洒楼

楼在子城黄堂之后，其下为思范堂，中立石碑一方，镌有范仲淹的《潇洒桐庐郡十咏》。桐庐郡乃睦州之别称，诗吟潇洒桐庐郡，是对睦州山水之雅怀，潇洒胸襟之披露。宋王十朋《潇洒斋记》有云：诗言志，公所至以潇洒见于诗章，则胸中之潇洒可知也……读《桐庐十诗》至使君无一事，心共白云空，则知公之潇洒于一郡矣！读区别妍媸，削平祸乱之赋及"先天下之忧而忧、后天下之乐而乐"与万言书，则其正色立朝之风采，仗钺分阃之威名，经世佐王之大略，是皆推胸中潇洒之蕴而见之于为天下国家这大者也。

复建后的潇洒楼，位于龙山书院之北   胡建文 / 摄

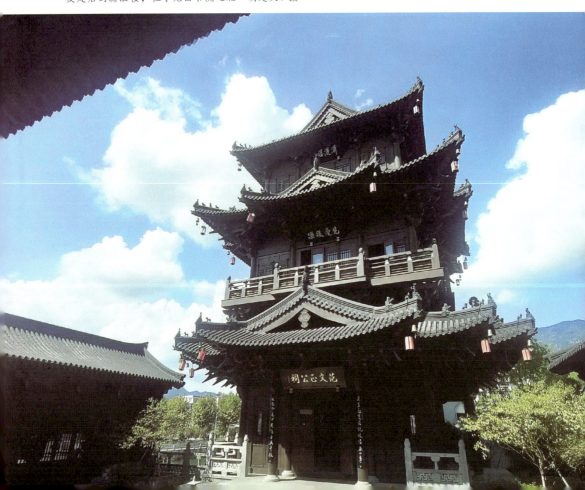

3. 甘棠楼

楼在府城善利门北之城角，《（淳熙）严州图经》云："古已有之。"善利门，旧有复城延伸于新安江和西湖之间，古称之为"凤凰嘴"，周格筑城时，铲平城门，填塞而成城角隙地，是时城门为七座。南宋绍兴八年（1138），知州董弅应州城父老之请，即城角隙地重辟为门，以旧名"善利"题之，因之严州府城才有城门八座。董弅又于善利门上建楼，也以"甘棠"旧名榜之。

甘棠之名，出于《诗经·召南》："蔽芾甘棠，勿翦勿伐，召伯所茇。蔽芾甘棠，勿翦勿败，召伯所憩。蔽芾甘棠，勿翦勿拜，召伯所说。"朱熹《诗集传》云："召伯循行南国，以布文王之政，或舍某棠之下，其后，人思其德，故爱其树而不忍伤也。"

甘棠楼也是一处胜地。北宋嘉祐元年（1056），知州赵抃《题甘棠楼》云："栏干十二压仙瀛，占得龙峰作画屏。林映远笼千里月，湖光寒照一天星。望来瀑布真霜练，飞过沙禽半雪翎。人赏不知春已老，隔桥依旧柳青青。"钱勰之《甘棠楼》诗云："楼曲开三面，山重合四围。溪冲朝霞出，帆并夕阳飞。芳杜供春望，晴云渡袷衣。樊川犹未识，清兴暮忘归。"

北宋末年，方腊起兵反宋，甘棠楼在战乱中被毁。

4. 魁星楼（尊经阁）

楼在严城府前路六曹巷口之南。《（民国）建德县志》："在府学后。"《新定续志》："魁星楼为一学伟观。前知州吴槃既朴斫，今侯钱可则始丹垩其上，以奉魁星。方逢辰书其扁。"

魁星，是二十八宿之一的奎宿，由十六颗星组成，其形屈曲勾连，如同字画，遂认为能主文运，以文星祀之于书院府学或其近旁。六曹巷口的魁星楼，始建于知州吴榘。吴知州守严有惠政，生性刚直，其时闻知皇帝用大宝黄册，催商内库钱币事，立奏朝廷："龙章凤篆，施于帑藏之催科；宝册泥封，下同官吏之文檄。居万乘之崇高，而贿赂之有无，事虽至微，关系甚大。"直谏天子此行低下，权臣以为逆乱，劾罢去官，其时魁星楼始建粗成。南宋景定元年（1260），钱可则甫任知州即逢水灾，经多方筹措，捐币平粜，民赖以安。遂继续营建魁星楼，朱漆白垩，粉墙绘色，并请状元方逢辰题书魁星楼之匾额，以励绅士学子，推动文教。明代府学迁移后，该楼渐渐废弃。至宣德七年（1432），知府徐孔奇又复建魁星楼，又名尊经阁。

5. 钟楼

建安山，有府城隍庙在山之西麓，所以又名城隍山。《（民国）建德县志》："自移天庆观古钟至此，又名钟楼山。"

唐代，州城西北角有龙兴观。宋大中祥符元年（1008）改为天庆观。观中有唐景龙三年（709）铸造的铜钟一口，古钟坏于宋崇宁四年（1105）。绍兴三年（1133），天庆观住持道士苗希颐改铸新钟，严州知州颜回作钟铭曰："是钟改作，权比千钧。扶世立教，用警晨昏。庶众省念，由此闻声。根尘以脱，入众妙门。"

后来天庆观倾塌圮废，古钟被移至府门谯楼之上。明正德年间，严州知府孟春认为不合古制，于是另择建安山之麓新建钟楼。嗣后，又将钟楼移建于山顶。

明嘉靖十九年（1540），山顶上的钟楼，遭烈风吹倒。嘉靖三十四年（1555），宿应麟守严州，见钟楼久圮而未修复，乃与同寅协商重建，虑及山巅风烈，又移至建安山麓，自丙辰（1556）年十一月动工，至次年二月建成，宿应麟题新钟楼名为"洪音"。

自明至清，钟楼历经数百年风雨，几废几修，终于败坏。清嘉庆二十五年（1820），建德县知县周兴峄见钟楼已是"垣墉倾圮，荡焉泯焉，一无所有，而钟完好如故"，遂与县绅一起，集资重建，易木为石，改楼为亭，并改洪音楼为鸣盛亭。

六、铭刻历史骄傲的牌坊

牌坊，也称牌楼。宋代严州牌坊在地方志书中有记载，其中州城中有里仁坊一座。

梅城古城街上的牌坊　竺可桢／摄

1. 双桂坊

此为严州府城中有建造年代最早的牌坊。《（淳熙）严州图经》载："双桂坊，旧名仁义，在左厢建德县西。元丰八年，州人倪直侯、直儒兄弟同榜登科，里人为名之。"

2. 里仁坊

里仁坊，旧名仁里。

《（淳熙）严州图经》："仁里坊，在右厢后历，故谏议大夫江公望所居。江自立名。"《（景定）严州续志》："里仁坊，旧名仁里。"其地今名江家弄，弄南水域名江家塘，塘西有桥，名后历。

江公望，《宋史》有传，《严州图经·人物》载："江公望，郡人，崇宁初任左司谏，抗疏极论时政及宫禁事，皆人所难言者。"事有曲隐，难以直言，江公望则能言之。

里仁坊　沈伟富／摄

徽宗登帝位时，大赦天下，户部尚书王古，以此时机，大力清理遗留通户，凡拖欠的钱粮赋税，交不出的全部豁免，因欠粮赋而被拘捕的人，也释放回家。素与王古不合的御史中丞赵挺之，弹劾王古是"倾天下之财以为私惠"。江公望悉知原委，向皇帝剖明真相，并批驳赵挺之："私事官雠，此小人之不为，而挺之安为之，岂忠臣乎！"

后来蔡京执宰，把江公望这位直谏名臣，以罪编管南安军。江公望遭此迫害，"然终身全名节，天下高之"。直至遇赦，返回故里建德，热心公益，虔诚事佛，未几迁住州城，卒，赠谏议大夫。

里仁坊，历经沧桑，毁于太平天国之兵燹。近年重建，其坊为四柱三间七楼，额坊上题"里仁为美"，耸立于玉带河南岸，供人瞻仰，引人深思。

七、南北对峙的宝塔

塔是累叠式多层建筑物，梵语名为"窣堵波"，东汉时，随佛教一起传入中国，国人名之为塔，又称浮图、浮屠。其构筑一般五至七层，也有十三层，但以七层居多。塔分二类：一为佛塔，专供佛陀、佛像、佛经；一为风水塔，然其亦衬有佛寺、塔院等建筑。严州古城有二塔，均为风水塔，一在卯峰，一在巽峰。

1. 北峰塔

北峰塔在梅城东三里的卯峰之巅，又名卯塔、高峰塔。

北宋知州赵抃《次韵郑琰登睦州高峰塔》有云："旧迹蒙君丽句夸，昔同峰顶蹑云霞。"高峰塔建于卯峰之绝顶，宝塔与峰尖浑然一体，其势之高，无他可比，登临其上，八极皆空，风生足底。

宋代曾作过司天监的吴景鸾（？—1064），游历严陵时，作《严陵风水遗记》十二首，第三首云："两府两制因何少，只因巽上少尖峰。他年释教重兴塔，便有高才显帝宫。"第六首："一年两次水归城，见此须防火盗惊。卯巽二峰重建塔，状元从此冠群英。"诗中两次提到重建宝塔。赵抃守睦州时，宋以前建的宝塔尚存，赵抃数次登临。到了吴景鸾游历严陵时，则祈宝塔重建，故双塔为宋代之前建筑物无疑。前人云"自唐有之"，应有其本。宋景祐末，双塔先后坍塌。

现在卯峰巅的宝塔，是明代乡达俞夑、知府庄任春等人于嘉靖二十六年（1547）元旦在旧址重建的，第二年五月竣工。

高峰塔在20世纪曾遭雷击，自顶下裂到第三层，摇摇欲坠。1984年，梅城有识之士倡议保护文物，抢救双塔，广泛筹募资金，政府亦拨款以助，卯塔得以修整，并建栏杆周护，又构半山亭，立碑纪事于中。

2. 南峰塔

《（景定）严州续志》载："南山，与城对峙，马目山之支也，光孝禅寺居之，有浮屠七层。"这七层浮屠就是南峰塔。南山位于八卦之巽方，山又称巽峰，塔亦名巽塔。

州治地处乌龙山麓，八面层峦围绕，但二江成字之处，地势低下，围而有缺，前人以为势不完固，乃建宝塔以补，后塔坍塌。北宋末年，地师吴景鸾在《严陵风水遗记》中，三次提到巽峰上建塔的重要性。明代左都御史鄢懋卿对此作了清晰的阐述。他在《重建卯巽二塔记》一开头就说："地理之说有诸？曰：其理盖具易焉！"接着叙述："后世堪舆家往往沿其理以神其说，而卒亦未尝不验。为严之说者曰：'卯巽二峰重建塔，状元从此冠群英。'盖严以乌龙为镇，峻嶒雄峙，盘踞百余里，折而东，双峰矗起，是为卯方，其马目山蜿蜒自西而来，昂伏攒蹙，驻于南山，是为巽方。徽、婺二水，纡徐萦回，绕卯、巽而东之，卯于卦位为离，离巽相薄，二塔并耸，则形势全而灵光焕，其文明之象乎！是故宋自淳熙间，詹公骙以文学魁天下，而方蛟峰先生遂继响焉。"他颇有哲理地说，不能诿之塔而期于塔，士子应该"感于中，惕于虑，将日趋于勤，以期宏所用，机动而事起，人胜而天定"。如果建了风水宝塔，就坐等魁星点额，那就"贻山灵之诮尔"。

卯塔建成未几，巽塔之建继而动工，《（民国）建德县志》云："明嘉靖丙午，乡达俞夑因旧址重建，工未竣，知府韩步叔阳踵成之。"

2022 年 2 月，梅城民间人士拍摄到南峰塔顶铁铸宝葫芦上半部分，上刻有历经四百五十多年风霜雨雪尚基本完好的铭文，文记建塔者名姓、营造宝塔的年月。这有铭文的宝塔铁顶，迄今为止，仅见于梅城的南峰塔上，是罕见的有建筑实录的珍贵宝物。

南北双塔　吴峰/摄

第十章

山川形胜　浙西锁钥

——宋代严州军事

一、彪悍的"山越遗风"

山越是越族的一支，越国灭亡后，一部分越人逃往山林生活，被称为山越。

越族是上古时期的一个族群，遍布南中国，由于山水阻隔，语言不通，和中原很少来往，被称为"南蛮"。有闽越、瓯越、于越等名称，远及五岭之南、交州（今越南）甚至南太平洋诸多岛国，因此有"百越"之称。

越族素称彪悍，轻死好斗。吴越两国交兵时，越国在两军阵前上演五百囚徒集体自刎的惊人一幕，吓得吴兵不战而溃。

越国灭亡后，越人散居各地，仍然有很强的势力，盘踞为王，朝廷屈于实力，不得不加以承认。汉武帝时，东越国王余善据山林之险造反，汉武帝起用熟悉这一带地形情况的朱买臣为会稽太守，协助大将军韩说讨伐，朱买臣采取海陆围攻的战术，取得了胜利。朱买臣在严州是一个家喻户晓的传奇人物，他后来能有出头之日，为皇帝献上切合实际的平叛之策，和他在严州的逃难生涯有关。

清代学者王鸣盛说："山越者，自周秦以来，南蛮总称百越，伏处深山，故名山越。""山越顽抗，大约尤在与新都、鄱阳邻接处。"（王鸣盛《十七史商榷·三国志·山越》）新都郡即后来的严州，鄱阳郡后改名饶州，即今天的上饶市，新都、鄱阳邻接处正是今天浙、赣两省的交界处。

严州为古代吴越之地，春秋属吴，勾践灭吴后属越，秦朝时为鄣、会稽两郡之地，汉隶吴郡及丹阳郡。建安十三年（208），东吴大将贺齐平定山越，置新都郡，成为严州的前身，新都郡是在山越的故地上诞生的。

三国时期是山越势力最为强盛的时期，东及于海，西达湘江，北抵长江，南邻交州，基本上都在东吴境内，对东吴政权造成很大的威胁，朝廷不得不派出诸葛恪、贺齐等大将征剿，以解决后顾之忧。

山越世代居处山林，"仗兵野逸，白首于林莽。好武习战，高尚气力"（《三国志·吴书·诸葛恪传》）。他们熟悉地形，大军压境时退入山林，大军一走又出来骚扰，和东吴官军打起了游击战，弄得官兵疲于奔命而收效甚微。后来诸葛恪采用了围而不攻的策略，逼使山越走出山林，归服王化，青壮年纳入军队，老幼妇孺编入齐民，"下山脱贫"。诸葛恪估计，收服山越后，"可得甲士四万"，后来的事实证实了他的预测。贺齐也曾经对孙权说过，给我十万山越精兵，可以横扫中原！山越之彪悍可见一斑。

山越人以藤为甲，加工过的藤皮坚韧异常，"官军刀剑不得拔，弓箭射矢皆还自向，辄致不利。贺将军长情有思，乃多作劲木白棓（棒），选有力精卒五千人为先登尽捉棓（棒）……官军以白棓击之，彼禁者果不复行，所击杀者万计"（《三国志·吴书·贺齐传》引《抱朴子》）。这有点像后来蜀汉诸葛亮平孟获时碰到的藤甲兵，不过诸葛亮用的是他擅长的火攻，贺齐用的是棍棒而已。

山越平定以后，东吴在这里建置了一个新的州郡，命名为新都郡，郡治所在地命名为始新县，始新县的县治曰新定里，后来，新都郡改名新安，这一系列带有"新"字的地名，既有宣谕这里是东吴新开拓的地盘之意，也表明要对这里的百姓进行重新改造的寄托。

山越虽然被东吴征服，但是其彪悍好斗的民风却世代相传，至陈朝时，会稽一带的山越还是"深险皆不宾附"（《陈书·卷三·世祖本纪》），唐朝"贞元时，浙东剧贼栗锽诱山越为乱"（《新唐书·裴休传》），"山越历六朝至唐，为害未息"（王鸣盛《十七史商榷·三国志·山越》）。记录在两"唐书"的《崔义玄传》中的陈硕真起义就发生在睦（严）州，即当年山越势力最强的新都郡，这绝非偶然。四百多年后的北宋末年，这里又爆发了规模更大的方腊起义，震动江南乃至全国，真应了民间流传的那句"五百年内出了两代草头王"的话！直到明清时期，严州的民风依然是"猛烈鸷愎，轻刑犯法，善习俭素。然豪民颇负气，具党与而傲缙绅"（明王士性《广志绎·江南诸省》）。山越遗风流传不息。

二、三代"潜龙之地"

宋明两代是严州历史上的两座高峰，而宋代是严州历史上重要的转折点，尤其是南宋，严州从一个偏远州军一跃而为"畿辅之地"，在全国的地位迅速上升。两宋时期，有三代皇帝在登基之前都担任过严（睦）州的地方官，虽然只是"遥领"，并没有到任履职亲民，但是作为皇帝的"潜邸"，严州历来被称之为"诸帝潜龙之地"，为历代地方志所津津乐道，被赋予了一层神秘的色彩。这里面既有政治上的因素，也有军事上的考量。

"龙飞凤舞，萃于钱塘；严陵接境，云山苍苍。吴根越角，郡实相当；一方形胜，宏伟非常。"［明《（万历）严州府志·方舆志·形胜》］

严州锦峰绣岭，山高水长，府城梅城山川尤其雄伟，来龙去脉，十分分明：乌龙山高踞城北，犹如屏风，宛如卧龙；三江交汇于城南，气韵贯通，是为龙脉。无论是官方史志的记载还是民间的口耳传说，都认为严州有王气，严州民间流传着许多草头天子的故事，这样的传说甚至加到了严子陵的头上。有奸臣造谣说他建造梅花城是要谋王篡位，意图造反：乌龙山是一条卧龙，东西两湖是一对龙眼，南北双塔是两只龙角，梅花城建成之日，就是真龙天子出世之时。后来将原来在城里的西湖隔出城外，叫作"独目不成龙"，破了风水，这才罢休。

"潜龙"原为《易经》第一卦乾卦第一爻"初九"的卦辞。乾为天，为阳，为龙，用以象征人事则为君、为父。"潜龙"是潜伏隐藏着的龙，龙为君象，潜龙就是尚未登基的皇帝。宋代与严州有关的三代"潜龙"，分别是宋太宗赵光义、宋高宗赵构和宋度宗赵禥。

建隆元年（960）是宋朝开国之年，这一年，宋太祖赵匡胤封御弟

严州古城墙上半朵梅花状的箭垛　胡建文／摄

赵光义为殿前都虞候、光禄大夫、检校太保,行睦州刺史、睦州军防御使。唐宋官制,官阶高而理职低者曰"行",即大官兼管小官的事的意思。殿前都虞候执掌皇宫警卫,官阶不是很高但是位置十分重要。当时江南一带还属吴越国,要到赵光义即位后的太平兴国三年(978),钱氏纳土称臣,归服宋朝,睦州才在真正意义上归属朝廷。

宋徽宗宣和三年(1121)十二月,14岁的九皇子赵构被认为具有"巍巍之奇姿,煌煌之华芾;聪达蕴自然之质,意外成不及之能"〔《(淳熙)严州图经》卷前诏制《太上皇帝初授节度使制》〕,以广平郡王的资格特授太保,遂安、庆源等军节度使,进封康王。遂安军就是睦州。六年后的靖康元年(1126),二十岁的赵构被群臣拥戴为帝,史称高宗,建元建炎。

宋理宗宝祐五年(1257)十一月,17岁的皇子赵禥特授镇南遂安军节度使,三年后立为太子,八年后(1265)登基,史称度宗,年号咸淳(1265),下旨将他遥领职务过的严州升格为建德府。中书门下省在下发的中央文件中做了这样的说明:"严州本州有建德县,今欲拟升建德府。"〔《(景定)严州续志·州郡·节镇·升建德府省札》〕

一个普通的州郡,在一个朝代内,能和三代皇帝扯上关系,这在中国历史上并不多见。其中固然与严州的政治地位有关系,但是起决定作用的还是军事上的战略地位,前人早就注意到这一点:"严州在国初仍唐旧,为睦州,隶吴越。建隆元年太宗皇帝以皇弟领防御使。宣和三年十二月,高宗皇帝以皇子领遂安、庆源军节度使;翠华驻跸钱唐,郡为畿辅,地望日隆。宝祐五年十一月,诏以皇子忠王特授镇南遂安军节度使;景定元年六月,御笔立为皇太子,而此邦节镇,至是愈重云。"〔《(景定)严州续志·卷一·节镇》〕

除了南宋朝廷"驻跸钱唐,郡为畿辅"的政治因素以外,这个说法并没有多大的说服力。统治者不便说出来的理由是，睦（严）州乃古山越之地，闹过几次草头王，没有一个显赫身份的皇亲不足以镇抚，三代潜龙之地不过是明面上的话语，实质上是否暗藏杀机也很难说。

三、威震东南的方腊起义

发生于北宋末年的方腊起义，可以看作是山越后裔的又一次反抗行动，是严州人"俭啬椎鲁，尚古淳风，重节概"（明王士性《广志绎·江南诸省》）民风的又一次爆发。

方腊（？—1221），睦州青溪县万年乡人，本是个底层平民，因为史料散佚，他的名字、出身、籍贯都没有一个定论。有说"方腊"就是"方六"。严州方言"腊""六"同音，方腊排行老六，故云方六。又曰"方赖"。据民间流传的《方氏山郭谱》记载，方氏出于东汉方储，"因出方赖，无德无功。大逆犯上，遂矢彝伦。无辜连累，避难逃生"。谱中提到的"方赖"就是方腊。又说叫"方癞"。说方腊原是个癞痢头，故"腊"应为"癞"。严州方言中"腊""癞""赖"三字同音，因此，方腊也许就是"方癞"。当然，"方赖"也可以作无赖之"赖"解，表示他不是一个好人，总之，方腊是一个连正经名字都没有的普通百姓。

关于方腊的出身，也有多种说法，有的说是雇工，有的说是漆园主（小地主），目下史学界多倾向于漆园主之说。

宋朝立国，采取重文抑武的国策，皇帝与士大夫共治天下，这固然受到读书人的欢迎，但是也造成了冗官冗兵的局面，加之对外战争的失利，每年需要赔付不少的金银财物，这些负担都压在东南百姓的头上："西北二虏岁币百万，朝廷军国经费千万，多出东南。"（方勺《青溪寇轨》《泊宅编·附录》）方腊起义爆发后不久，宰相李纲即指出："东南者，天下之腹心也，歙、睦、钱塘者，又江浙之腹心也。国家以养兵为重，而养之之具，金、缯、谷粟，转江通漕，尽在东南。"（李纲《上王太宰论方寇书》）可知江浙人民负担之重。

北宋末年，政治腐败，宋徽宗好大喜功，迷信道士，自称教主道君皇帝，重用蔡京、朱勔、王黼、童贯等人，时人呼为"六贼"；听信奸相蔡京的谗言，在京城开封府内大造御花园，名为艮岳，作为修道之处；为了建造艮岳，在江南设立苏杭应奉局，派出朱勔等人到江南四处搜刮，寻觅奇花异石，用大船运回，每十船为一组，谓之"花石纲"。朱勔口含天宪，以朝廷的名义胡作非为，闹得江南百姓不得安宁，甚至家破人亡，人民怨声载道。

方腊的家乡青溪县是个山区，盛产"漆楮竹木"，都是重要的建筑材料，农民以此为生。漆楮竹木是建造艮岳的必需之物，青溪因而成为应奉局的酷取之地，百姓们饱受剥夺，虽然怨声载道，但都敢怒而不敢言。"方腊家有漆林之饶，时苏杭置造作局，岁下州县征漆千万斤，官吏科率无艺。腊又为里胥、县令不许其雇募，腊数被困辱，不胜其愤，聚众作乱。"（南宋曾敏行《独醒杂志》卷七）作为小漆园主，方腊深受其害。

曾敏行（1118—1175），字达臣，号独醒老人、浮云居士，吉州吉水（今属江西）人。生活的年代与方腊起义的时间很近，他的记载比较可靠。

唐高宗时，青溪（当时名曰"雉山"）曾经爆发过陈硕真起义。陈硕真是一名奇女子，自号文佳皇帝，虽然很快被镇压下去，但是却留下了天子基、万年楼等遗址。文佳皇帝敢于造反的形象，无疑在方腊心中树起了一个学习的榜样。

北宋宣和二年（1120）十月，正在起义准备紧锣密鼓进行之时，他们的活动被里正方有常发觉，便派儿子方熊向县衙告发。十月初九，方腊得知事泄，就杀了方有常一家，只有三子方庚越墙逃脱。当日，方腊就在方有常家的漆园誓师起义：

（方腊）乃椎牛骊酒，召恶少之尤者百余人会，饮酒数行，腊起曰："天下国家，本同一理。今有子弟耕织，终岁劳苦，少有粟帛，父兄悉取而靡荡之，稍不如意，则鞭笞酷虐，至死勿恤。于汝甘乎？"皆曰："不能。"腊曰："靡荡之余，又悉举而奉之仇雠，仇雠赖我之资益以富贵，反见侵侮，则使子弟应之。子弟力弗能支，则谴责无所不至，然岁奉仇雠之物，初不以侵侮废也——于汝甘乎？"皆曰："安有此理！"腊涕泣曰："今赋役繁重，官吏侵渔，农桑不足以供应，吾侪所赖为命者，漆楮竹木耳，又悉科取，无锱铢遗。夫天生烝民，树之司牧，本以养民也。乃暴虐如是，天人之心，能无愠乎？且声色狗马、土木祷祠、甲兵花石靡费之外，岁赂西北二虏银绢以百万计，皆吾东南赤子膏血也。二虏得此益轻中国，岁岁侵扰不已，朝廷奉之不敢废，宰相以为安边之长策也。独吾民终岁勤动，妻子冻馁，求一日饱食不可得——诸君以为何如？"皆愤愤曰："惟命！"

腊曰："三十年来，元老旧臣贬死殆尽，当轴者皆龌龊邪淫之徒，但知以声色土木淫蛊上心耳。朝廷大政事，一切弗恤也。在外监司，亦皆贪鄙成风，不以地方为意，东南之民，苦于剥削久矣。近岁花石之扰，尤所弗堪。诸君若能仗义而起，四方必闻风响应，旬日之间，万众可集。守臣闻之，固将招徕商议，未便申奏，我以计縻之，延滞一两月，江南列郡可一鼓下也。朝廷得报，亦未能决策发兵，计其迁延集议，亦须月余，调集兵食，非半年不可，是我起兵已首尾期月矣，此时当以大定，无足虑也。况西北二虏，岁币百万，朝廷军国经费千万，多出东南，我既据有江表，必将酷取中原，中原不堪，必生内变，二虏闻之，亦将趁虚而入，腹背受敌，虽有伊吕，不能为之谋也。我但划江而守，轻徭薄赋，以宽民力，四方孰不敛衽来朝，十年之间，终当混一矣。不然，徒死于贪吏耳——诸君其筹之。"皆曰："善。"

　　这一篇战前动员，有谋划，有远见，不仅具有战略眼光，而且占据了道义的制高点，具有极大的道德说服力，方腊对于当时国际、国内形势的分析可谓鞭辟入里、一针见血，点到了北宋社会的痛处，道出了社会矛盾的症结点，颇有点当年诸葛亮草庐对的气魄。难怪众人听了都认为方腊讲得有道理，愿意跟着他一起干。

　　这一段记载见之于南宋人方勺《青溪寇轨》一书所附的《容斋逸史》中，也有人对此存有疑义，认为其不像一个底层百姓的口吻，倒像是一篇士大夫的政论。后面虽然提到方腊起义和摩尼教的关系，在其演说词中却毫无相关的宗教内容。誓师时"椎牛骊酒""饮酒数行"，也与其信奉的食菜事魔的教规不符。但是据今人的研究，和当年陈硕真起义"自言仙去……能役使鬼物"一样，方腊起义打的是中国传统社会"天命攸归"的旗号，是"星云神怪"之类的妖术，和摩尼教并没有关系：

　　睦州青溪县妖贼方腊……妄称妖幻。贼徒虽多，全少器械，唯以人众为援……童子妇人在前，饰以丹黛，假为妖怪，以惊我师。复在巢穴四向设险，阴为陷阱。又为长人，作关机以动止，执矛戟旗帜，饰以丹黛，为鬼神之貌，以惑官兵。

　　　　　　　　　　　　　　　　　　（曾昇《论破方腊奏》）

　　起义爆发后，方腊自号圣公，建元永乐，打出"是法平等，无有高下"的口号，劫富济贫，"劫取大家财，散以募众"，受到了贫苦百姓的欢迎，起义队伍迅速扩大，几天之内就聚集了几万人。方腊设置各路将领，以头巾为别，自红色以上者凡六等。

十一月二十八日，义军在息坑打败了由两浙路都监蔡遵和颜坦带来的五千官兵，蔡遵、颜坦被杀。义军乘胜打下了青溪县城，俘获县尉翁开；十二月初攻克睦州州城（今建德梅城）和睦州各县。随后，方腊率主力部队西征，攻克上游的歙州（今黄山市），全歼宋东南第三将"病关索"郭师中部，进逼宣州。一路向东攻克富阳、新城（今富阳区新登镇），以"杀朱（勔）"为号召，兵锋直指江南花石纲的指挥中心杭州。十二月二十九日，义军以排山倒海之势攻克杭州，杀两浙路制置使陈建、廉访使赵约，知州赵霆逃走。积怨已久的杭州百姓，捕捉官吏，挖掘奸相蔡京的祖坟，暴露其骸骨以泄愤。起义军的行动得到了广大人民的热烈拥护，队伍迅速壮大起来，很快发展到一百多万人。各地群众闻风响应，"结集徒众"，准备攻打州县。老百姓只要听到义军的战鼓声，就会出来迎接，加入义军者更是"项背相望"。江南各地纷纷揭竿而起，响应方腊，主要的起义队伍有苏州石生，湖州陆行儿，剡县裘日新，仙居吕师囊，永嘉俞道安，东阳霍成富，兰溪朱言、吴邦，衢州郑魔王，等等，建立了遍及今浙江、江苏、安徽、江西等省的六州五十二县的农民政权。

方腊起义的爆发，切断了赵宋王朝的经济命脉，震动了半壁江山，极大地威胁着大宋朝廷的统治。宋徽宗惊恐万状，一方面赶紧下诏撤销苏杭应奉局，停运花石纲，罢免了朱勔父子的官职，以平民愤；一方面派大太监童贯为江淮荆浙宣抚使，谭稹为两浙制置使，调回原本拟对辽作战的十五万精兵和京城禁军等部队南下。北宋宣和三年（1121）正月，童贯和谭稹兵分两路，向钱塘江的下游杭州和上游歙州进发，两头夹击义军。二月，官兵围困杭州，义军经过苦战，被迫退出杭州，向上游富阳、建德撤退，最后退守青溪大本营。

四月初二，衢州失守，郑魔王被俘；十七日，婺州失陷；十九日，官兵攻陷青溪县城，方腊率众退守帮源洞。二十四日，义军在帮源的严家溪滩与官兵决战，七万多人阵亡，方腊带领亲信退往洞源村东北的岩洞中躲藏。四月二十五日，统制官王禀下令搜山，裨将韩世忠由方庚为向导，收买叛徒方京，寻得方腊躲藏的岩洞。二十七日，经过一番殊死搏斗，方腊和妻子邵氏、子方毫、宰相方肥等52人被俘。宿将辛兴宗随后赶到，截洞掠俘，方七佛等人乘机逃脱，实俘39人，被解往东京。第二年八月二十四日，方腊在东京遇害。

方腊起义失败后，余部继续坚持斗争，直到宣和四年（1122）三月，才被最后镇压下去。

方腊起义是宋朝规模最大的农民起义运动，这次起义从根本上动摇了北宋王朝的统治，北宋王朝从此一蹶不振，不久就灭亡了。

当年方腊藏身的岩洞如今被命名为"方腊洞"，列为省级文保单位，供后人参观瞻仰。站在方腊洞前，历史的风云仿佛在眼前翻滚，方腊敢于反抗的斗争精神一直受到人们的崇敬和怀念。

宣和三年（1121），就在方腊事败的那一年，朝廷下令，将睦州改名严州，歙州改名徽州，青溪改名淳化（绍兴年间又改名淳安），这些地名一直延续至近代。

方腊起义在严州民间的影响十分深远，民间流传着许多方腊造反的传说故事。"宋江平方腊"的故事还被大作家施耐庵写进了文学名著《水浒传》中，足足占了后半部八回书，直接与严州有关的就有"宋公明大战乌龙岭""乌龙岭神助宋公明""宋公明智取

乌龙岭　胡建文／摄

北高峰方腊点将台　沈伟富／摄

清溪洞"等回目。严州民间还有"方腊点将""百花公主点将台""武松独臂擒方腊"的传说，父老口耳相传，有地点，有人物，说得有鼻子有眼，不由你不信。

方腊起义之后，严州还有倪从庆、缪罗等人啸聚造反的活动，虽然先后都被招安、征剿，以失败告终，但是都体现了敢于反抗的山越遗风。

方腊起义波及两浙，"方腊虽就擒，而支党走浙东，贼势尚炽"（杨仲良《续资治通鉴长编纪事本末》卷一四一），"经方腊之后，不无余党散在州县，人情惊疑"，"浙部东西两路，所在皆有方腊余党，阴怀愿望"（叶梦得《石林奏议》卷三）。千年之后，犹有余波，可见其影响之深远。

四、牛山之战和砥柱亭之辩

"靖康耻，犹未雪；臣子恨，何时灭！"（岳飞《满江红》）靖康、建炎（1126—1130）是宋朝的危亡时刻。

北宋靖康二年（1127）四月，徽、钦二宗被金兵掳走，北宋灭亡。五月，徽宗的儿子赵构在应天府（今河南商丘）即位，是为高宗，改元建炎。建炎三年（1129）十月，金兵长驱直入，连破江东、江西，进逼浙西，一路追逼赵构，无论赵构如何哀求，"愿去尊号，比于藩臣"（李心传《建炎以来系年要录》），金兵都不予理睬，穷追不舍，赵构不得不下海逃命。

和逃命的皇帝相反，各地军民却纷纷举起义旗，保家卫国，抗击金兵，如太行山上的"八字军"，河东地区的红巾军，等等。

严州也有一支抗金的义军，带头的是淳安人钱岊、钱鬵两兄弟。钱氏兄弟俩都是读书人，深明大义，因为时局黑暗，都不愿意出仕。金兵南侵的消息传来，眼看国破家亡，百姓遭难，他们和同乡方庚散尽家财，组织起了一支 3000 人的武装队伍，随时准备保家卫国。

从前方传来的消息得知，金兵主帅兀术正在南下，兵锋直指杭州，极有可能溯钱塘江而上，侵犯严州。为了抢占战机，他们率领人马来到地势险要的桐庐牛山设伏。牛山就在富春江边，靠山临水，山势陡峭如门，俗称"排门山"，官道就在山脚江边，山里有一道十里长的山坞，名曰"牛山坞"，正好可以伏兵。一路上势如破竹的金兀术视南宋军队如无物，从没有放在眼里，他万万想不到这样偏僻的山区会有伏兵，而且一个个都勇猛异常，一下子被杀了个落花流水，连心爱的小妾也做了义军的俘虏。牛山伏击战打得非常漂亮，打破了金兵不可战胜的神话，不仅提振了南宋军民的抗战信心和勇气，也显示了战争的伟力存在于兵民之中的伟大论断。

三十一年后，即南宋绍兴三十一年（1161），由另一位严州人叶义问指挥的采石矶战役也取得了胜利，史称"采石矶大捷"。这两次战斗虽然有规模大小的不同，但是在压倒敌人的气势上是一致的，诚如大诗人陆游在严州知州任上给孝宗皇帝上的奏章中说的那样，"天下万事，皆当以气为主"（陆游《上殿札子》）。只有在气势上压倒敌人，才能有取胜的可能。

在严州，还爆发过一次激烈的和战之辩，出场的是双方的代表人物秦桧和王缙。

臭名昭著的秦桧不用多介绍，就是跪在岳飞墓前的那个卖国贼，他仗着宋高宗做后台，大权独揽，残酷迫害坚持抗战的爱国臣民，早已被钉上了历史的耻辱柱。

主战派的代表人物是王缙。

王缙（1073—1159），字子云，严州分水（今属浙江桐庐）人。崇宁五年（1106）进士，曾任歙州司法参军、英州知州等地方官，因政绩优秀，被召入京，任监察御史、右司谏等职务。御史、司谏承担监察百官、向皇帝提意见的重要职责，对于政治素质和道德品行的要求很高。在右司谏的岗位上，王缙提过许多好的意见，多次受到朝廷的表扬。他在《上殿第一札子》中提出的"纪纲不可不正，法守不可不严，储蓄不可不广，赏罚不可不明，军政不可不立，风俗不可不厚"的建议，得到了朝廷的赞许。

鉴于北宋灭亡的惨痛教训，王缙力主整顿朝纲，积蓄力量，准备北伐中原，收复失地，他积极支持抗战将领的战备工作和抗战主张，和抗金名将张浚结下了深厚的情谊。

王缙坚决主张抗金，和以秦桧为首的投降派进行了毫不调和的斗争。他和吏部侍郎晏敦复一起，弹劾秦桧议和误国，罪无可逭。又和尚书右仆射赵鼎、参知政事李光、枢密院编修官胡铨联名上书，弹劾与金议和的秦桧、孙近、王伦，请求立斩此三人以谢天下。他们的义举遭到了投降派的疯狂反扑，先后被罢官撤职、充军发配，甚至死于他乡。赵鼎、李光、胡铨都是南宋名臣，以气节忠直驰名。赵鼎与张浚并称"中兴二相"，花甲之年被流放到海南崖县，最后绝食而死，以抗争秦桧的迫害。李光流放琼州（今海南岛），胡铨也被除名流放新州（今广东新兴）。胡铨执笔的这篇奏章在社会上引起了强烈的反响，有人将之刻印散发，传入金国，金人见了大惊，连呼"南朝有人"，"中国不可轻"！

胡铨经过福州时，受到了在此任职的张元干的热情款待，并作《贺新郎》一词送行，"举大白，唱《金缕》"，悲壮豪情冲薄云天，成为宋词中的名作。

陆游晚年在严州为官时曾经写有《跋李庄简公家书》一文，对李光疾恶如仇的神态作了生动的描写。

王缙也被罢了官，回到了分水老家。

王缙回家后，因为问心无愧，淡泊名利，过起了田园隐居的生活。大概秦桧还想利用他在朝中的声望为自己所用吧，他亲自来到分水"劝降"，意图拉拢他，谁知王缙并不买账，当面驳斥秦桧的卖国行为，坚持自己的抗战主张。两个人在村口分水江边的一个叫作浪石亭的亭子里见面，这场辩论就在浪石亭中进行。

秦桧死后，朝廷中的妥协议投降主义之风仍未散去，积极抗金的张浚数度被罢免，只是在金兵压境不得已时才起用一下，心情极度苦闷，朝中找不到知音，张浚想到了王缙，就跑到分水来看望老朋友。

看到多年不见的老朋友，王缙十分高兴，就在浪石亭设宴款待。两人都为国家的前途担心。王缙说起当年和秦桧的那一番争论，看看眼下的形势，两个人都忧心忡忡。酒酣耳热，张浚拔剑长啸，题下了《会宴浪石亭》一诗：

缙桧相逢在此亭，一战一和两纷争。

忠良不遂奸雄志，砥柱中流永此存。

因为这首诗，浪石亭从此改名砥柱亭。也留下了当年那一段气贯长虹的佳话。

五、"严州不守，临安必危"
——南宋末年严州人民的抗元斗争

南宋德祐二年（1276）正月，元兵统帅伯颜率军至临安城北皋亭山，将临安城团团围住，南宋朝廷外无救兵，内无守将，皇宫中只有孤儿寡母，叫天天不应，叫地地不灵，六十多岁的太皇太后谢道清只得带着六岁的小皇帝出城投降，下达了投降诏书。伯颜率元兵入城，两国军队换防，伯颜下令改临安为两浙大都督府，命程鹏飞拿着太皇太后的手诏及三省、枢密院的文告，传谕天下州府归顺新朝。三月，带着缴获来的金银珠宝、传国玉玺，押着掳掠来的内宫嫔妃、文武百官，返回北方，留阿剌罕、董文炳驻守临安，镇守两浙。

南宋宫廷乐师汪元量有《北师驻皋亭山》一诗，记下了当时的凄惨情景：

> 钱塘江上雨初干，风入端门阵阵酸。
>
> 万马乱嘶临警跸，三宫垂泪湿铃鸾。
>
> 童儿空想追徐福，厉鬼终当灭贺兰。
>
> 若议和亲休练卒，婵娟剩遣嫁呼韩。

宋廷虽然下达了投降诏书，但是各地的抗元斗争仍然风起云涌，未曾止息。同年五月，陆秀夫、张世杰等文武大臣在福州拥立九岁的益王赵昰为帝，庙号端宗，举起了抗元的大旗，号召天下军民抗击元兵。

当时的建德府知府方回是个贪生怕死之徒，他一方面张贴告示，号召军民齐心抗战，并且装模作样地预备好一锭银子，交给下属，作为自己死后安葬之用，一方面却偷偷地制作元人的服装，随时准备投敌。

二月初，元兵还没有到达府城，方回就带着州府官员前往下游严子陵钓台，迎接元兵进城，元兵改建德府为建德路，任命方回为建德路总管。

方回变节之时，严州百姓不愿奉诏投降，武装起义此起彼伏，上游金（华）衢（州）徽（州）一带，纷纷举起义旗，坚持抗元斗争，

伯颜北去后，浙江兵力空虚，益王乘机分兵北攻，先后收复处、衢、婺等州，浙西南大部为宋军占领。又以衢、婺两州宋军会同徽州义军，

联攻严州。

驻守临安的元兵统帅董文炳收到急报，大为吃惊，赶紧派兵救援。《元史·唆都传》记载：

时衢、婺诸州皆复起兵，文炳谓唆都曰：严州不守，临安必危。公往镇之。至严方十日，衢、婺、徽连兵来攻，唆都战却之。

从"衢、婺、徽连兵来攻"一句可知，当时严州上游衢州、婺州、徽州三个州的抗元力量已经联合起来，抗击元兵，如果不是建德知府方回献出了严州城，四州连兵攻打临安，将对元兵形成很大的威胁，抗元形势将大为改观。

在"连兵来攻"严州城的军队里，有寿昌人郑采翁组织的一支队伍。

郑采翁，字秀华，寿昌六都（今建德市大同镇一带）人。从小喜欢读书，性格刚毅果断，却因科场不顺，考了几次都没有考中，是一个乡间知识分子。见北方强敌压境，国土沦丧，朝廷只知屈辱求和，偏安一隅，知道天下必定大乱，就发奋攻读兵书，钻研兵法，做好打仗的准备。

元兵包围国都临安，国家到了生死存亡的关头，郑采翁在家乡发起保卫首都、捍卫朝廷的倡议，动员年轻子弟参军。同乡朱天赐也是一个血性男儿，深受激励，与郑采翁齐心协力，很快就组织起一支队伍来。打造刀枪兵器，学习骑马射箭，加强军事训练，提高战斗能力，准备前往临安保卫国都。

就在大家摩拳擦掌准备出兵之际，却传来了临安失守、朝廷投降的消息，大家都感到悲愤异常，不愿意承认这个事实。不久形势急转直下，建德知府方回献城投降，元兵入驻严州城。

随着形势的变化，各路义军决定改变策略，先夺回严州城，作为根据地，再谋发展。各路人马，齐集严州城下，兵锋所指，临安震动。元兵守将王文忠、萧郁连忙向驻守临安的统帅董文炳求救。董文炳深感忧虑，迅即派出大将唆都前往救援，这才说出"严州不守，临安必危"那一段著名的话来。

元军主力到来，兵锋甚锐，义军难以抵挡，退至建德、淳安、寿昌三县交界处的白沙埠，这里靠山临江，山势陡峭，易守难攻，义军在这里和元兵展开血战。元兵都是能征惯战之士，十分彪悍，义军缺乏战斗经验，人数又少，寡不敌众，终于失败。郑采翁不幸被俘，但他誓死不降，英勇就义，实现了他与社稷共存亡的誓言。

寿昌还出过一位抗元的义士徐梦魁，也是一个读书人。考取过举人，当时称之为贡举人，亦称贡士。宋代的贡士不能直接当官，还必须经过礼部的考试，取得进士的身份才能正式进入仕途做官。

正当徐梦魁准备参加进士考试的时候，却传来了元兵大举南侵的消息，一路势如破竹，兵临临安城下，南宋朝廷投降。徐梦魁痛哭流涕，决心组织人马，成立抗元义军，保家卫国，抵抗元兵的侵略。他散尽家财，拉起了一支 300 人的队伍，与开化县的好友魏亨一起，投奔逃亡在外的左丞相陈宜中的大部队，一起抗元。队伍走到信州（今江西上饶）的时候，碰上了元兵，因寡不敌众，被打散了。徐梦魁带着残兵败将，返回家乡，准备重新组织人马，东山再起。这时候，传来丞相文天祥被俘，王室北迁的消息，徐梦魁彻底绝望了，悲愤之极，痛哭流涕，不得不放弃武装抗元的念头，在村外的琏坞山中隐居起来。

他在山中盖了几间茅屋，取名"宋林"，在门口的山岩上写上"宋林"二字，自号"宋林处士"，足不出户，在茅庐中隐居读书。

"宋林"寓意这里是宋朝的林泉土地，是元朝统治以外的一块净土，寄托着徐梦魁坚持气节、不和新朝合作的态度。

元代严州古城墙　胡建文／摄

　　七十多岁的时候，徐梦魁感觉来日无多，把家中的子侄晚辈叫到床前，吩咐他们说："你们一定要记住，我们家是宋朝的臣子。我死之后，要在我的墓碑上刻上'宋林处士'四个字，我就死而无憾了。"他又说："你们最好也不要到新朝去做官，切记，切记！"

　　晚辈们尊重他的遗愿，在他的墓碑上刻了"宋林处士"的字样，以宣示他忠于前朝故国的忠义之气。

严州秀色　李福才／摄

后记

经过一年多的努力，《宋韵严州》终于付梓了。

本书试图从政治思想、社会经济、文学艺术、百姓生活、军事建筑等领域，对严州的宋韵进行一次梳理，努力展现多元包容、风雅精致的严州宋韵文化。因为这是一本关于严州宋韵的简易读本，阅读对象主要是全市广大干部及本土文化爱好者，所以，在编撰这本书的时候，我们力求做到语言通俗，行文平实，一般不作繁杂的考证，也不作详细的论述，而且只截取有宋一代的严州文化，并努力从"韵"字上花工夫。通俗化、普及化是我们的目标。

该项工程自启动以来，得到了浙江省委党校、浙江省哲学社会科学重点研究基地"文化发展与文化浙江研究中心"、严州文化研究会等单位的大力支持，省委党校原副校长、二级教授、中宣部文化名家陈立旭先生亲自为本书撰写了序言，严州文化研究会会长陈利群先生不仅为本书撰写了绪论，还发动部分骨干会员为本书撰稿。陈利群、方韦、叶欣、王娟、朱睦卿、黄建生、沈伟富、汪国云、罗嘉许等，既分工又合作，很快就拿出了书稿。后经多方讨论，精心打磨，又经沈伟富、黄建生等精心编校，胡建文等拍摄图片，终成此书。在此，我们一并致谢。

因为建德市委党校首次开展教材编撰工作，经验不足，成书仓促，书中难免存在诸多不足之处，敬请广大读者批评指正。

《宋韵严州》编撰委员会

2024 年 3 月于建德市委党校